RHABAN STRAUMANN

NOCH IST HEUTE

ESSAYS

Illustrationen
JANE MUMFORD

knapp

Für Juna

VORWORT	*Sarah Jäggi*	8
HEIMAT	*Das Los der Heimat*	11
	Boten des Sommers	12
	Berner? Aargauer.	13
	Klingende Osterglocken	14
	Coiffeuse im Ring	15
	Dichtestress	16
EUROPA I	*Im grossen Kanton*	20
	Noch ist heute	21
	Schrei im Morgengrauen	26
	Zug in den Süden	27
	Düstere Sternstunden	32
	Spuren im Vinschgau	34
BÜNDNERLAND	*Waidmannsheil*	38
	Zweites Daheim	40
	Drei Sonnenaufgänge über Bivio	41
	Showdown im Val Müstair	43
	Tristesse pur	45
	Zeit	46
	La Maladie Suisse	47
USA	*Paradies*	51
	Mall-Walkers	52
	Alligatoren-Walk	54
EUROPA?	*Dringende Fälle*	57
	Hoffnung?	59
	Stilvolle Stille	60
	Hoffnung!	62
	weltweit	64
	Von Wildschweinen	65
USA, KANADA I	*Stadt mit Tinnitus*	69
	Vorstellungskraft	71
	China in Brooklyn	73
	Lustige Tierwelt	76
	Kaffeekolumne	78

OLTEN	*Sechser im Lotto*	81
	Zweideutig	82
	Freiwillig in Olten	84
	Late Night	85
EUROPA II	*Gute Nacht, Moschusochse*	87
	Und täglich grüsst der Kuckuck	92
	Nachtwache unter der Mitternachtssonne	95
	Geknickter Österreicher	105
	Grosszügigkeit hat einen Namen	107
	Absturz synchron	109
USA, KANADA II	*Brooklyn in Olten*	111
	Dank Mister King	114
	Ein Lama für den Frieden	116
	Vollmondnacht	119
	Larger than life	120
	Kein Rührei in Chicken	123
	Dempster Highway	125
	Zu Gast im Bordell	127
	Spardiktat	129
	Mind your step	132
	Sieben Siegel	134
ANTARKTIS		
KANADA	*Achtung, Hummer*	139
	Ach du grüne Neune!	141
	Sleeping Beauty	143
	Nie wieder Medienabstinenz	146
FIKTION?	*Reisen im Kopf*	149
	Die Quadratur des Kreises	151
	Neuanfang zum Jahresende	153
	9/11	164
FANTASIE	*Mogelpackung*	166
	Buchstabensalat	167
	Die letzte Reise	168
GLOSSAR		

Vorwort

Spät am Abend trete ich noch einmal aus der Hütte, in die Dunkelheit. Putze die Zähne, stehe in der Stille, weit und breit kein Haus, über mir die Milchstrasse. Auf einmal schrecke ich auf. Mache Licht und lasse den kleinen Lichtkegel der Stirnlampe von Baum zu Baum, die ganze Waldlichtung entlang, wandern. Mein Herz pocht laut. War da was? Ist er da? Der Eisbär?
Sekunden später lache ich in die Berner Oberländer Nacht hinein, wo es keine Eisbären gibt und die Bären wenn überhaupt, dann als Namensgeber von Wirtshäusern überlebt haben. Doch das Buch, das ich vor ein paar Stunden zu Ende gelesen habe, hat seine Spuren hinterlassen. Am meisten die «Nachtwache unter der Mitternachtssonne».
Man wähnt sich in diesem und in vielen anderen Stücken von «noch ist heute» als blinde Passagierin auf den Reisen, die Rhaban Straumann unternimmt, oft gemeinsam mit seiner Frau. Man ist dabei, wenn sie wieder aufbrechen, manchmal an profane und oft an sehr aussergewöhnliche Orte; nach Cape Breton zum Hummerfischen, wandernd auf Haida Gwaii oder nach Faro, «einem Nichts im Nichts» im Yukon Territory, wo sie als Freiwillige wochenlang für Kost und Logis auf einer Farm arbeiten. An Orte, wo man beim Spazieren nach Alligatoren späht, Menschen monatelang auf ein neues Hüftgelenk warten und zur Grillade statt Cervelat und Schweinsbratwurst Bär, Elch und Karibu aufgetischt wird.
Wo sie auch spielen, die Geschichten, Anekdoten und Berichte, ob in seiner Heimat in Olten oder in Kanada, man ist dabei, schaut durch die Brille des Autors – und in sein Herz. Erfährt, was ihm besonders gut und was gar nicht gefällt, wie er mit der Schweiz, der Welt und ihren Bewohnern und manchmal mit der nächsten Zigarette hadert.

Da sind Kleinode wie die Geschichte aus Snokebo Gård, wo sich Rhaban Straumann fragt, ob er den Mauerseglern, die Südschweden eben verlassen haben, noch einmal begegnen wird, wenn er nach einer langen Reise im Zug zu Hause ankommen wird. Da gibt's kleine Gedankenspiele zur Gefühlswelt von jungen Robben und Zufallsbekanntschaften mit eingenähten Feuerzeugen.

Und da ist, eben, die «Nachtwache unter der Mitternachtssonne». Die packende Beschreibung einer viertägigen Kajakexpedition, die ihn nach Spitzbergen führte. Er erzählt, wie die einen, während die andern schlafen, durch die mitternachtssonnenhelle, klirrend kalte Nacht stapfen und die kleine Zeltstadt beschützen. Wie sie mit den Feldstechern den Horizont, den Nordenskiöldbreen-Gletscher nach weissen Punkten absuchen und der rauen, wilden Landschaft ausgesetzt sind. Und dann: War da was? Ist er da? Der Eisbär? So intensiv beschrieben, dass die Leserin am Ende meint, selbst dabei gewesen zu sein.

Oktober 2019, Sarah Jäggi

Sarah Jäggi ist Redakteurin bei «Die Zeit» und lebt in Olten.

Heimat

Das Los der Heimat

Heimat ist zeitlos. Das lehrt viel Liedgut. Oft leidlich gut, das Lied, manchmal weniger. Inhaltlich mehrheitlich einseitig. Es werden derart viele Berge, frische Luft und andere Klischees kitschig besungen, dass ich mich zuweilen frage, ob dereinst heimatlos wird, wer heute bei diesem Schönwetterpop nicht mit einstimmen will. Der Begriff Heimat darf nicht engspurig von guten Geschäftsleuten oder einseitigen Parteien für sich beansprucht werden. Drum tut es gut, sich damit auseinanderzusetzen. Es ist simpel. Heimat ist emotional. Das macht es kompliziert. Meine Heimat ist beispielsweise dort, wo ich gerne Steuern zahle. Auch mehr. Dort, wo ich mich im gleichen Masse über die Pakete mit Logo von Zalando ärgere, wie ich mich über die Standhaftigkeit oder Neueröffnungen von kleinen Läden freue. Da, wo ich Lust habe, mich in drei Vereinen zu engagieren und gleichzeitig rasend werde ob all dem illegal auf Stadtgebiet deponierten Abfall. Daheim fühle ich mich da, wo es möglich ist, leidenschaftlich über Politik zu streiten, wo es mir die Sprache verschlägt, wenn jemand eine wachsende Stadt als tote Stadt bezeichnet und ich auf dem Heimweg in dieser mutmasslich toten Stadt denken kann, hier bewegen sich unglaublich viele vife Geister. Heimat ist dort, wo ich den Barbesitzer einen Freund nennen darf. Heimisch fühle ich mich da, wo unaufgeregte, ehrliche Begegnungen stattfinden. Wo ich mich frei fühle. Aufgehoben fühle ich mich dort, wo Menschen nie aufhören, sich zu bilden, wo sie neugierig bleiben, sich herausfordern lassen, weil ihnen die Zukunft über das eigene Sein hinaus am Herzen liegt. Das macht Heimat zeitlos. Zerbrechlich heimatlos. Das Los der Heimat.

Olten, 2019

Boten des Sommers

Ein schrilles Pfeifen. Zweimal. Dreimal. Dutzendfach. Das Schlagen der Flügel ist ergreifend hörbar. Ebenso das Rauschen des Flugwindes. So nah fliegen sie vorbei. Eine Armlänge weit. Oft weniger. Als gehörte man dazu. Geduldet sein trifft es besser. Die Flugakrobaten bieten täglich mehrfach waghalsiges Schauspiel. Rasant das Tempo. Wild die Jagd. Ein kleiner Balkon ist die Zuschauertribüne. Über den Köpfen der staunenden Zaungäste hängen die Nistkästen. Immer wieder fliegt die ganze Kolonie vorbei. Dabei wird jede bezogene Vogelbleibe in der nahen Nachbarschaft angepeilt. Etliche Mauersegler flattern kurz vor den bescheidenen Behausungen. Manche hängen sich für einen Augenblick an Regenrinne, Dachverzierung oder Vogelhaus. Das Geschehen wiederholt sich. Irgendwann. Scheint ein Ritual zu sein. Irgendwie. Fliegt ein Koloniemitglied vorbei, erschallt eine Antwort aus einem der Nester. Vater oder Mutter. Zuweilen Mutter und Vater. Manchmal ist nur das zarte Zwitschern der Jungvögel zu vernehmen. Mit den Flugkünsten wächst jeweils die Sehnsucht auf den nächsten Frühling, obwohl der Stadtsommer noch längst nicht vorbei ist. Ihr Pfeifen steigert Reisefieber und weckt Heimatgefühl zugleich. Lässt vergessen, was nicht geschehen sollte.

Plötzlich sind sie weg. Sind hoch droben. Kaum zu erkennen. Des Nachts erfolgt fliessend Wachablösung durch vereinzelte Fledermäuse. Wann ruhen Mauersegler? Im August sind sie auf einmal weder sicht- noch hörbar. Das ist die Kunde vom Abschied des Sommers. Kommen sie wieder? Vielleicht verschwinden sie irgendeinmal vollkommen. Denn bleiben die Insekten aus, verstummen, von vielen unbemerkt, auch die Mauersegler. Mit ihnen ginge ein schönes Stück Sommer verloren.

Olten, 2019

Berner? Aargauer.

Woher sind wir? Wohin zieht es uns? Wird das noch diskutiert? Fände ich schön. Sofern philosophisch abgehandelt. Werden die Eingangsfragen zu Glaubensfragen, frage ich bald, wo's zum Ausgang geht.
Zurück zum Woher. In meinem Fall schwierig. Mir war bislang zum Beispiel nicht klar, dass ich im Bernbiet nicht nur beruflich, sondern auch privat verwurzelt bin. War zu erfahren via Lektüre des aargauischen «Oltner Tagblatts» unter solothurnischem Diktat: «Oltner [...] mit Wurzeln in Aarau, Aarberg, Solothurn, Trimbach und Zofingen.» Eine stolze Liste, mit der ich das Gefühl keineswegs teile. Es ist banale Realität. Bis auf besagten Berner Ort. Ob tatsächlich Aarberg oder eher Aarburg zu meinen Wurzeln zählt, ist eine Frage des Lektorats, welches korrigierte, was nicht zu berichtigen war. In Aarberg war ich noch nie. Nicht, dass ich etwas gegen eine Berner Vergangenheit einzuwenden hätte, nein, mannigfaches Sein finde ich anregend. Amüsant wird's, wenn aus dem Woher eine Bezeichnung werden soll. Bin ich Trimbacher? Weil sechs Jahre da gelebt. Solothurner, weil vier? Aarauer, da fast zwei Jahre im Telli, diesem mit «Staumauer» umschriebenen, brutalen Zeitzeugen aus den 70ern? Gemessen an der Handvoll Prominenz, die stets noch oder bereits als Oltnerin oder Oltner betitelt wird, obwohl schon lange weg oder noch nicht lange da, müsste man mich Aargauer nennen. Weil insgesamt elf Jahre. Täte nicht weh. Herkunft wird überbewertet. Manche Künstler sind Oltner, Berner sowie Langenthaler, andere Zürcher und Oltner, je nach Redaktion, Preisverleiherin oder Politiker. Man schmückt sich gern mit grossen Namen. Wahr ist auch: Die Ursachen für die vermeintlichen Berner Wurzeln sind vermutlich beim Spardiktat zu suchen. Offen bleibt, wohin das noch führt.

Olten, 2018

Klingende Osterglocken

Ostern auf dem Mont Racine. Tannen und Steinmauern zieren die Hügel, Schneeresten und Spuren wühlender Mäuse die Wiesen. Etwas östlich der Creux du Van, wo dank nahem Parkplatz Massen in Turnschuhen die mit tapferen Krokussen übersäten Matten platttrampeln. Vor uns die Alpen. Die Natur empfängt mit offenen Armen. Eine Gruppe junger Mountainbiker platziert sich ganz in der Nähe. Bald lässt sich feststellen, dass sie sich anhand einer App orientieren. «Bis zum Creux du Van geht es nur noch runter», sagt A. Sagt ihnen die App. Was nicht ganz stimmt. Es liegt ein Tal dazwischen. Könnten sie sehen, würden sie sich in der Landschaft orientieren. Beim Blick auf die unter uns liegenden Seen entdecken sie den Broyekanal. «Das ist die Aare», behauptet B. Soso. Ich schmunzle. Sie fliesse vom Neuenburger- in den Murtensee. Ich horche auf. Sie komme von Bern, sagt C. «Das kann nicht sein», widerspricht B, «die Aare kommt aus dem Aargau.» Logisch. Ich höre die Osterglocken klingeln. «Weil die Aareschlucht liegt bei Aarau», schliesst der junge Mann mit Dialekt aus dem Mittelland. Genau. Meine Zurückhaltung verliert ihren Halt und ich sage in Richtung Alpen weisend: «Die Aare kommt von dort, fliesst via Aareschlucht und Bern in den Bielersee.» Ist natürlich grob vereinfacht, aber zu reichlich analoge Information könnte überfordern. Um die Irritation zu steigern, schiebe ich nach: «Vom Bielersee fliesst sie nach Grenchen, via Oberaargau nach Olten und durch den Aargau in den Rhein.» Voilà. Während sie mittels Smartphone das Gesagte verifizieren, ziehe ich mit einem freundlichen «Gute Fahrt!» von dannen und denke, in der Natur wird schlicht zu viel Empfang geboten.

Le Locle, 2019

Coiffeuse im Ring

Tagsüber gleiten ihre Hände durch Haar, flink, sanft, routiniert. Abends steht sie im Ring. Roter Kopf, glänzende Stirn, konzentrierter Blick. Ihr Atem geht schwer, Schweissspuren überall, die Erschöpfung im Gesicht. Das Training dauert bereits anderthalb Stunden. Ein «Ig ma nüm» wird mit der Aufforderung für eine weitere Runde pariert. Disziplin steht hoch im Kurs. Ist Gold wert, damit man im Ring nicht austickt. Damit Mann im Kampf nicht austickt. Er scheint hier deutlich schwächer zu sein. «Drei Schläge! Nicht vier!», ruft der Trainer einem jungen Mann zu, der glaubt, seine Energie nicht im Griff haben zu müssen. Keine Diskussion. Aggression will kontrolliert sein. Ich beobachte das Geschehen in einem Aarauer Boxclub. Hier findet stille Integration zu lauter Musik statt. Migrationshintergrund ist offensichtlich. Aufgewärmt wird individuell. Luftboxen. Seilhüpfen. Speedballs. Und Kraft. Bis an die Grenze und darüber hinaus. Da sind zwei junge Frauen, der grosse Rest ist männlich. Der älteste Teilnehmer trainiert die zwei Stunden ohne Unterbruch. Im Ring steht er nie. Darf er nicht. Zu alt, der 41-Jährige. Die Regeln sind streng. Es gibt sechs Grundschläge: rechts, links, gerade, von unten und Haken. Sie üben Schlagkombinationen. Angriff. Ausweichen. Zurückschlagen. Und immer wieder: «Deckung!» Sich schützen. Es sind Dutzende kleine Choreografien. Der Trainer korrigiert penibel. Es kämpft Frau gegen Frau. Frau gegen Mann. Dient der Kontrolle der Kraft. «In Bewegung bleiben!», mahnt der Trainer. «Bewegen!» Ein stetes Tänzeln. Mein Respekt vor der Coiffeuse wächst. Dass die Musik schon länger ausgefallen ist, fällt niemandem auf. Weiter. Tanzen.

Aarau, 2019

Dichtestress

Dichtestress im Zug von Bern nach Vevey. Dass der Zug bereits voll ist und noch voller sein wird, lässt das Drängeln vor den Zugstüren erkennen. Ebenso dichtes Gedränge im Innern. Wer noch nicht sitzt, eilt hindurch und hofft auf einen Sitzplatz in einem anderen Wagen weiter vorne. Oder hinten. Freie Plätze hat es dennoch. Auch in Sichtweite. In drei Abteilen, zweimal links, einmal rechts, sind je drei Sitze besetzt. Den vierten Platz besetzt einmal eine Tasche, einmal eine stoisch quer liegende junge Frau, und einmal sehe ich es nicht. Auch weiss ich noch nicht, dass ein dritter Sitz frei ist. Doch ich werde es bald erfahren.
Ein älterer, offensichtlich Platz suchender Herr erfasst zwischen den drei Abteilen die Situation. Er hat die Qual der Wahl. Man sieht ihm an, er denkt. Denke ich. Augenscheinlich analysiert er die Auswahl ziemlich genau und ... – entscheidet sich. Gegen den Platz mit Tasche am Gang. Sowie gegen den dritten Platz, von dem ich ja gar nicht weiss. Offenbar bevorzugt er – gedeutet aufgrund seiner Position – einen Platz neben der jungen Frau, die hartnäckig zu schlafen scheint. Vermutlich scheint ihn das zu reizen. Ob er den Fensterplatz oder den Sitz am Gang begehrt, bleibt offen.
Nun wird es so richtig spannend, das Zugstheater. Was tut er? Man sieht ihm die Anstrengung im Kopf tatsächlich an. Sein Blick wandert hin und her, wechselt vom Abteil vis-à-vis zur liegenden Schönheit und ins Leere. Soll er ihr auf die Schulter tippen? Aufs hoch gereckte Knie? Sie am Kopf streicheln, sie ansprechen? Was ziemt sich? Was darf man noch? Etwas hilf- und vor allem ratlos schaut er zu den reglosen Abteilgenossen. Bald fällt eine Entscheidung, worauf er sich mitten im Abteil links positioniert. Und wartet. Harrt geduldig einer Lösung. Nichts geschieht, niemand reagiert. Packend die Situation. Finde ich.

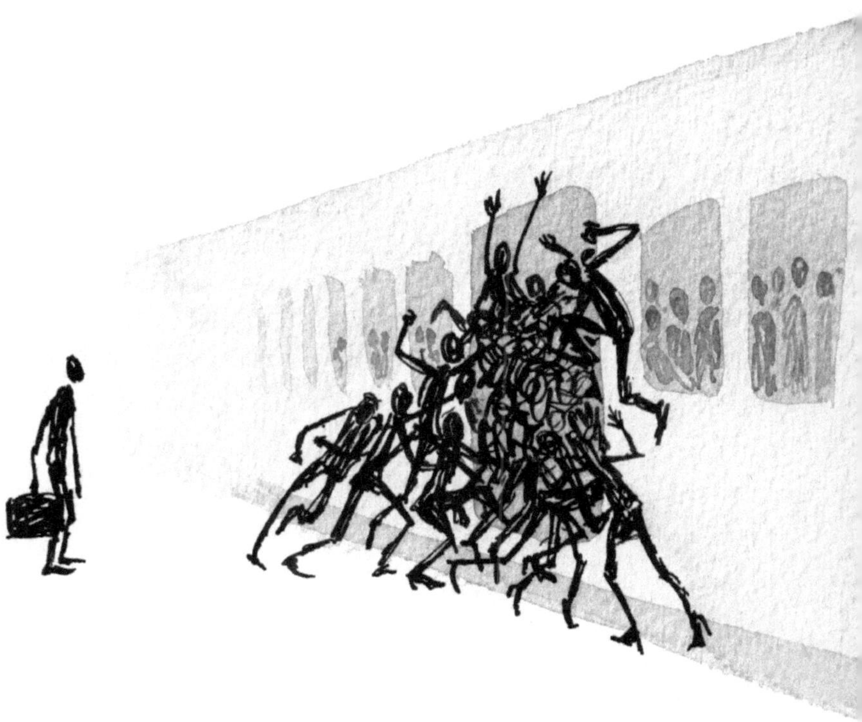

Der Reiz, aufzustehen, um bei der Suche nach einer Lösung zu assistieren, keimt. Trotzdem habe ich das Gefühl, es lohne sich, ein klein wenig abzuwarten. Zu Recht! Sein Kopf dreht sich zum Abteil, auf das ich keinen Einblick habe. Offensichtlich erhält er aus der rechten Ecke Ratschläge. Ich höre sie nicht, aber erkenne in der Folge, worauf der gut gemeinte Rat abzielte. Denn er zwängt sich im linken Abteil auf der Höhe der Beine der jungen Frau auf die Bank. Sie reagiert prompt, wortlos, aber heftig, juckt auf, deutlich genervt, was sich steigert, da mangelnde Gelenkigkeit seinerseits eine schnelle neue Sitzordnung verhindert. Es wird gerangelt, gedrückt, gezwängt, gestossen – alles stumm –, bis sie endlich am Fenster sitzt und er am Gang.

Es wird geschwiegen, seine Augen sprechen von Irritation und Stolz, ihre Bände. Und das hier wäre auch schon das Ende, wenn nicht noch mehr Passagiere nach einem Platz suchen würden. Zwei junge, masslos entscheidungsfreudigere Männer ergattern sich die zwei letzten Plätze im Wagen. Es geht zügig und sie sitzen. Einmal musste hierfür die oben erwähnte Tasche unfreiwillig ihren Sitz räumen und der zweite Fahrgast kletterte in dem Abteil, von dem ich nicht wusste, dass dort ebenso ein Sitz frei war, über die Beine. Ich bin überrascht. Es ist das Abteil, aus dem die Ratschläge kamen. Was soll man da denken? Nicht viel. Nur, dass es auch in Zügen hie und da so etwas wie ausgleichende Gerechtigkeit gibt. Immer wieder. Zug um Zug.

Vevey, 2019

Europa I

Im grossen Kanton

Essen kann man in Deutschland echt günstig. Und einkaufen liesse es sich vermutlich ebenso. Auch Kultur geniessen lässt es sich mit schmalem Portemonnaie. Für Schweizer Verhältnisse. Das Ticket im Kleintheater kriegt man für 18 Euro. Grossartig. Geht es um die Gage, wird offensichtlich, weshalb. «Ich würde Strohmann-Kauz gerne wieder einladen», sagt uns der Veranstalter nach dem Gastspiel in Freiburg, «aber ich habe ein schlechtes Gewissen. Der Gage wegen.» Das brauche er nicht zu haben, sagen wir. Erstens hätten wir gewusst, worauf wir uns einliessen. Zweitens könnten wir uns dieses Abenteuer leisten. Wir spielten in der Schweiz sehr viel und verdienten dabei genug. «Dann ist die Deutschlandtour für euch das Hobby», grinst der kulturelle Hausherr. Ein schönes Hobby, denken wir.

Verkehrte Welt. Während deutsche Veranstalter uns gegenüber ein schlechtes Gewissen haben, werden wir in der Schweiz stets noch gefragt, wovon wir leben würden. Oder ob wir davon leben könnten. Wir tun es damit und vor allem trotz solcher Fragen. Daran wird sich so schnell vermutlich nichts ändern. Dazu müssten die Medien anders mitspielen. Neugieriger. Mutiger. Ansonsten sind die Unterschiede dies- und jenseits der Grenze dünn. Ähnlich der Humor, die Lacher. Da die Reaktion vereinzelt schneller, stärker, betroffener. Hier zurückhaltender. Manchmal umgekehrt. Je nach Szene, je nach Pointe. Das deutsche Publikum zeigt sich einzig zwischen den Szenen applausfreudiger. Während der Schweizer noch überlegt, ob er applaudieren soll, hat es die Deutsche bereits getan.

Deutschland hat gerufen und wir nahmen die Herausforderung lustvoll an. Dabei lernen wir viel. Spielend. Über uns. Über Deutschland. Und die Schweiz. Vor allem aber haben wir endlich wieder ein Hobby.

Freiburg im Breisgau, 2019

Noch ist heute

«Deal! Kaufen! Eine Million!», ruft das Schräg-vis-à-vis in den Hörer. «Hallo? Hörst du mich?» Die Lautstärke eindeutig zu laut. «Ja! Kaufen», doppelt er nach. Im Abteil nebenan geht es dezenter zu und her: «Taucherkurs. Noch einen Kurs! Immer diese Kurse!! Das geht mir echt auf den Keks.» Nachtzug nach Hamburg. Von weiter vorne ist in Englisch zu erfahren, dass Biel zweisprachig ist, derweil der Lauttelefonierer sporadisch grunzt und plötzlich ein Selfie schiesst. Vermutlich mit Sitznachbarin. Der kitschige Sonnenuntergang zu meiner Linken führt dazu, dass ich von rechts zweifach unfreiwillig fotografiert werde. Vom Kurstyp. Vielleicht ein Versöhnungsfoto mit mir, grunzendem Händler, hübscher Studentin und Abendrot. Die Fahrt dauert noch keine halbe Stunde. Die Nacht noch lange. Der Kursfotograf wechselt von Bild auf Ton und spielt Luftgitarre. Diskret. Der Takt mit dem Fuss unrhythmisch. Weniger diskret. Blaue Tinte ziert meine Hände. Der Kugelschreiber vom Schweizer Radio und TV verweigert sich seiner Funktion. Im Abteil mit Luftgitarre muss ein gut genährter Herr seinen Zweitplatz für einen neuen Fahrgast freigeben. Er tut es widerwillig. Sein Glück, beansprucht der Hinzugesetzte deutlich weniger Raum. Mir gegenüber blickt die Studentin verstohlen auf den Bildschirm des Millionendealers, er deutlich unverfrorener in ihr Biologiebuch und auf ihre Beine. Freiburg ist durch.
In Freiburg lebt Jess Jochimsen, Kabarettist und Autor. Mit ihm habe ich heute Morgen noch telefoniert. Er war in Italien und es ging um einen Auftritt in Olten. Der Sitz neben mir bleibt frei und das letzte Rot am Himmel verschwindet. Eine verschlafen wirkende Frau mit Nackenkissen und Decke rollt ihren Rollkoffer durch den rollenden Wagen. Wurde womöglich geweckt, da sie auf dem falschen Platz sass. Sitznummer korrekt, Wagennummer

vielleicht auch, nur die Zugshälfte nicht. A und B fahren nach Berlin, C und D nach Hamburg. Lesen und verstehen lohnt sich. Offenburg.
Der Zug geht in eine Kurve. Im vorderen Ende des Wagens stürzen Fahrräder. Ein halbes Dutzend Köpfe streckt sich über die Kopflehnen. Die Hälfte davon steht auf. Der Zug hält und die Studentin verlässt uns. Schade. Ja und nein. Mehr Beinfreiheit. Luftgitarre niest laut und hustet leise. Der Händler grunzt leise und tippt laut. Ohne Unterbruch. Karlsruhe.
Ein Abteil weiter vorne hat ein Blondschopf das Schlafen aufgegeben. Spielt ein Spiel mit dem Handtelefon. Sofern ich die Daumenaktivität richtig deute. Konzentriertes Gesicht. Konzentrierte Gesichter können unvorteilhaft wirken. Bei ihm hält es sich in Grenzen. Wenig Runzeln. Nur wenige Bewegungen mit dem Mund. Manchmal kommt die Zungenspitze ins Spiel. Luftgitarre wippt mit dem Bein. Hört konzentriert Musik. Wirkt sich bei ihm weniger vorteilhaft aus. Wirklich schlafen tun nicht viele. Da mit Nackenkissen und offenem Mund, dort mit Tuch überm Kopf, vermutlich mit geschlossenem Mund. Das Tuch bewegt sich nicht. Nicht dort, wo ich den Mund vermute. Noch ist heute. Heidelberg.
In Heidelberg lebt eine Dolmetscherin für Deutsch-Französisch und umgekehrt. Sie übernachtet oft in unserem Gästezimmer. Auch heute schläft sie in Olten. Ich umgekehrt schlafe noch nicht. Warte auf die Müdigkeit. Luftgitarre hat sich aus dem Staub gemacht. Innen durch und aussen rum suchen Fahrgäste nach der Zugshälfte nach Berlin. Gut lesen und schnell verstehen ist die halbe Miete.
Auch der grunzende Händler ist ausgestiegen. Nun habe ich ein Abteil für mich ganz alleine. Ganz kurz nur. Ein Junge blickt um die Lehne, fragt freundlichst: «Isch do no frei?» Ein stummes Nicken meinerseits beschert mir ein Lächeln und ihm einen Liegeplatz. Und hoffentlich auch bald Schlaf.

Plötzlich Hamburg. Raus aus dem Zug, rein ins Gewusel. Ein erster Kaffee, die letzte Zigarette. Ein Versuch. Vielseitiges Warten auf den Zug nach Kopenhagen. Bettler unterschiedlichster Art sind unterwegs. Mal eine nicht autorisierte Zeitungsverkäuferin, mal die Bitte um Kleingeld für das Billett oder auch mal nur ein freundliches Lächeln. Mein Nein ist ebenso freundlich, oft stumm, offenbar deutlich genug. Ein Zug trifft mit 90 Minuten Verspätung ein. Steht auf der Anzeigetafel, mit Grund: Notarzteinsatz. Eine grosse Kindergruppe rollt heran. Ihr Zug ist um eine Dreiviertelstunde zu spät. Das freundliche Hallo gilt mir. Danke. Alle mit Rollkoffer. Wo sind die Rucksäcke geblieben? «Wohin gehst du?», fragt mich das Hallo. «Kopenhagen. Und ihr?» «Sylt.» «Schullager?» «Chorlager. Lebst du in Kopenhagen?» Schön wär's.
Beim Zug nach Kopenhagen herrscht Aufregung. Die Wagen sind aussen entweder mit 81 oder 82 gekennzeichnet. Innen lassen sich die korrekten Nummern entdecken. Verwirrung und Ungeduld machen sich bemerkbar. In die Ferien Reisende wirken oft sehr gestresst. Im Wagen 82 wird nach dem Wagen 71 gesucht. Vermutlich auch umgekehrt. Entspanntes Sich-Informieren lohnt sich. Zeit wäre genug. Bei der Durchsage fällt mir auf, dass es im Nachtzug keine einzige gab. Versuche mit den neuen Nachbarn ein Gespräch. Fahrgäste mit am Schalter gelösten Billetten. «Mit Antikzuschlag», sagen sie. Da Gegenfragen ausbleiben, versandet die Unterhaltung. Mein Buch lässt mich wegtauchen. Der Himmel klart auf. Die Diesellok brummt. Oldenburg.
Auf dem Bahnsteig entdecke ich auf mit dem Zug Fahrende Wartende. Rührende Begrüssungsszenen zwischen Mutter und Sohn, Frau und Hund. Weitere Wartende begrüssen sich weit zurückhaltender. Die Sonne scheint, Wind weht, die Klimaanlage kühlt. Warum so sehr? Endlose Felder und unzählige Windräder ziehen am Fenster vorbei. Gepflasterte

Feldstrassen führen zu Bahnübergängen. Die Weiten der Ostsee relativieren die Endlosigkeit von Wiesen und Weiden. Im Buch besucht ein Autor New York. Das weckt Erinnerungen. Die Beschreibungen erinnern an die eigene Schreibe. Seltsam. Das Herz sticht. Reisen zu zweit ist weit schöner.
Im Bahnhof vor der Fähre übernimmt das dänische Zugspersonal. Pünktlich. Dass ein Zug auf eine Fähre fährt, fährt mir immer wieder ein. Während der Schifffahrt dürfen Zigaretten gekauft werden. Zollfrei. Sie sind für den Gebrauch an Bord gedacht. Drum könne man nur ein Paket kaufen, verkünden sie via Lautsprecher. Die Überfahrt dauert eine Dreiviertelstunde. Oder 20 Zigaretten lang.
Die neu wieder eingeführte Grenzkontrolle auf dänischer Seite hat einen eigenen, improvisierten Bahnsteig erhalten. Die Umgebung wirkt marode. Die Fahrt über Land ähnlich wie so viel Hinterland. Viel Zersiedelung, wenig Charme. Zudem flach. Vornehmlich Weideland, kaum Augenweiden. Die dänische Bahn erntet Sympathie. Pünktlich in Kopenhagen. Die Bahnhofshalle gigantisch. Schön. Ich nehme den Zug über die Brücke. Wirkt wie ein schäbiger Vorortszug. Desto wirkungsvoller die Durchsage: «For all new passengers: Don't worry. You are in the right, right train. This is the train to the airport. And to Sweden. For customers going to the airport: It's the third stop. One, two, three. Please count. And most of all, calm down and enjoy the short trip.» Sympathisch. Wer sich zuvor informiert hat, kann über diese Information beruhigt schmunzeln. Nach dem Flughafen geht es über die oft verfilmte Brücke. Links das Meer, rechts ebenso. Über uns die Autos. Vor uns Schweden. Daselbst wieder Grenzkontrolle. Auch bei dieser Mannschaft zückt die Hälfte, sobald sie wieder draussen ist, das Natel. Warum, weiss ich natürlich nicht. Wie zuvor in Dänemark stechen am Grenzbahnhof in Schweden der Stacheldraht und die vielen hohen Zäune

ins Auge. Zäune, so weit das Auge reicht. Das neue Europa. Ab Malmö fahre ich erstmals rückwärts.

Snokebo Gård, 2018

Schrei im Morgengrauen

Ein Schrei reisst mich aus dem Schlaf. Laut das Tier. Der Lautstärke nach müsste es riesig sein. Hier jedoch, mit den vielen Seen in flacher Landschaft, klingt alles lauter. Die Stimmen vom Seeufer, das Kinderlachen, die Vogellaute. Frühmorgens in Südschweden. Mit dem Schrei kommen Bilder. Erinnerungen. Verknüpfungen. Ein Vogelzug über Olten. Kraniche. Weiss nicht mehr wann. Jetzt beim Weckruf ist es Sommer 2018. Schweden brennt. Und ich im Freiwilligeneinsatz für das ausgewanderte Schweizer Paar. Sie ist Schweizerin, er Deutscher. Und die Tochter in Schweden geboren. Angesagt sind unter anderem Zaun bauen, Haus abbürsten und neu streichen, Steg erstellen und Schilf schneiden. Der heisseste Job, den ich bislang hatte. Passend zur Hitze. Wate mit der Sense bis Brust tief durchs Wasser. Schilf bearbeitend. Rasen mähen muss ich nicht. Alles braun. Zu trocken. Nix wächst mehr. Zu heiss. Zu lange schon. Kleinbauern überlegen sich, ihr Vieh notzuschlachten. Kaum Futter mehr. Dafür hat es Wespen ohne Ende. Alleine auf dem Hof hier sind es über ein Dutzend Nester. Anrufe beim entsprechenden Dienst werden nicht mehr entgegengenommen. Sind zu viele. Man solle bitte eine E-Mail schreiben. Oder selber tätig werden wie mein Gastgeber. Wozu nicht offiziell geraten wird. Es wird auch nicht empfohlen, sich gegen das Feuer zu wappnen. Man liest, die Behörden seien auf das Extremereignis von über 50 Waldbränden nicht vorbereitet. Echt jetzt? Nur die Behörden? Beobachten lässt sich Überforderung pur. Wie mit allem, was das Klima betrifft. Wie überall. Dabei stellt unser Hirn doch so faszinierende Verknüpfungen her. Ist fähig für abgespeicherte und gar neue Zusammenhänge. Allgemeingültig ist das offenbar nicht. Es regiert sich leichter ohne Klimawandel.

Snokebo Gård, 2018

Zug in den Süden

Die Mauersegler sind weg. Auf einmal. Wir sprachen noch über die Schwalben, die sich besammeln. Jetzt sind die Mauersegler weg. Ohne dass wir es bemerkten. Plötzlich flogen sie nicht mehr unmittelbar über mir in den schmalen Spalt zwischen Dachrinne und Ziegeldach. Bald folge ich ihnen gen Süden, mich fragend, ob die Mauersegler noch zu Hause sind.
Es ist anfangs August. Die letzten Schwalben sind noch da. Verlasse ein zu heisses und zu trockenes Südschweden. Hätte nie gedacht, dass mir hier die Sonnencreme ausgehen würde. Zu viel warme Kleidung, zu knapp die fürs heisse Wetter. Inzwischen sind es keine 50 Waldbrände mehr, die lodern, ein Dutzend ist es noch. Immer wieder hält ein neues Feuer das Land in Atem. Trotzdem wurde das Grillverbot auf Privatgrund aufgehoben. Als ob kein Wind wehen und Glut sich an Grundstückgrenzen halten würde. Erfreulicherweise halten sich die Menschen vornehm zurück. Auf meiner Velofahrt nach und durch Vimmerby und wieder zurück zum Snokebo Gård steigt mir kein verdächtiger Duft in die Nase. Auch sucht man im Detailhandel Grillkohle vergebens. Zumindest in Vimmerby. Ist das ziviler Ungehorsam? Passt so nicht zu den Menschen hier. An Bahnübergängen fahren sie erst los, wenn das Warnsignal nicht mehr blinkt. Man stelle sich das einmal in der Schweiz vor. Dort, wo über die Geleise geprescht wird, bevor die Schranken oben sind. Haben wir so viel weniger Zeit? Trotz kürzerer Distanzen?
Auf der Autofahrt nach Linköping ruft der Wespendienst meine Gastgeber an. Er teilt ihnen am Telefon mit, er stünde jetzt auf ihrem Grundstück. Wo denn das Wespennest sei? Dass er kommen würde, wurde nicht angekündigt. Weder per Telefon noch per SMS. Auch nicht via E-Mail oder schriftlich. Die Überraschung ist gelungen, die

Konsternation gross. Verständlich, nach fast einem Monat Wartezeit. Aus dem einen derzeit angemeldeten Nest wurden 15. Erfolgreich bekämpft hat der Hausherr bis auf drei allesamt. Wie erklärt man einem Fremden bei mindestens sechs Gebäuden, wo sich die restlichen Nester befinden? Am Telefon. Er hat sie gefunden, erfahre ich ein paar Tage später. Erstaunlich. Immer dem Gebrumme nach. Logisch. Nach einem gemeinsamen Besuch des Freilichtmuseums Gamla Linköping sitze ich am Bahnhof der Stadt fest. Der Zug ist um eine Stunde verspätet. Zum Glück habe ich einen Platz in einem Zug früher als nötig gebucht. Damit mir etwas Reserve für den Anschluss in Kopenhagen bleibt. Die Mauersegler können ihren Vorsprung ausbauen. Dass in Schweden auf PET-Flaschen und Alubüchsen Pfand erhoben wird, scheint ein kleiner Segen für sozial Schwächere zu sein. Die grosse Achtlosigkeit vieler Konsumentinnen und ihrer Artgenossen beschert der sammelnden Gilde ein bescheidenes Entgelt.
Die Verspätung wächst um eine Viertelstunde an. Langsam keimt die Befürchtung, dass ich es heute nicht mehr über den Öresund schaffen werde. Dritter Versuch einer letzten Zigarette. Um zu lesen fehlt mir die Musse, also hänge ich Gedanken nach. Lasse die vergangenen dreieinhalb Wochen Revue passieren. Hatte das Glück, während dieser Zeit die vorbehaltlose Zärtlichkeit eines ganz jungen Menschen erleben zu dürfen. Eine Vertrautheit, die mir als Kinderloser ansonsten vorenthalten bleibt. Schicksal. Umso grösser das Staunen über die gewaltigen Entwicklungen des Kindes während dieser kurzen Zeit. Gross die Freude, dass Gastgeber Freunde werden können.
Warte nicht alleine auf den Zug, fühle mich trotzdem so. Erhalte von der schwedischen Bahn eine SMS mit Gutschein für Kaffee und Zimtschnecke am Kiosk. Nett. Für meinen Geschmack zu viele Vorteile, um im Netz zu buchen. Was erhalten Menschen, die das nicht wollen? Aus-

ser «Antikzuschlag»? Sehe, dass es weitere 20 Minuten sind, die der Zug auf sich warten lässt. Könnte schreien. Gerne mit Megafon. Die Durchsagen erfolgen konsequent alle nur auf Schwedisch. Unnatürlich ab Tonband natürlich.

Jetzt sind es insgesamt zwei Stunden. In Linköping leben etwas mehr als 100 000 Menschen, der Bahnhof aber hat kein Personal. Zumindest kein Schalterpersonal. Menschen mit der Kompetenz Auskunft sucht man vergebens. Den Sprung über den Öresund kann ich mir abschminken, die Reserve ist aufgebraucht. Soll ich Zigaretten kaufen? Eine weitere Viertelstunde kommt dazu. Auf der Anreise, als ich fälschlicherweise einen Platz in der ersten Klasse buchte – weil ich, weil naiv, dachte, das sei so möglich, was es irgendwie auch war, der Kontrolleur schmunzelte nur –, profitierte ich ungerechtfertigterweise von freiem Kaffee, Süssigkeiten, Wasser und Früchten. Grossartig. Nun aber bin ich kein Freund der schwedischen Eisenbahn mehr. Ersatzbusse wären auch eine Möglichkeit. Wird in diesem Fall nicht angeboten. Warum bloss?

Volle zweieinviertel Stunden zu spät sitze ich im Zug. Der Heimat gefühlt einen grossen Schritt näher. Er fährt. Kaum zu fassen. In Hässleholm werde ich umsteigen. Bislang keine weitere Zigarette. Die Abendsonne hüllt die Landschaft in ein berauschend versöhnliches Licht. Erwische ich in Kopenhagen sogar noch den Nachtzug nach Hamburg? Bei grosszügiger Toleranz könnte es reichen. Die Nächte sind mittlerweile deutlich länger als vor drei Wochen. Diese Nacht wird sich noch länger anfühlen.

Im Zug die Durchsagen auch in Englisch. Sympathisch old fashioned von Zugbegleiter an Fahrgast, keine Computerstimme. Nur, wie man bei der Bahn reklamieren könnte, dafür sparen sie sich die Übersetzung. Nach dem nächsten Halt werden die Fahrgäste, welche irgendwo auf Anschluss hoffen, gebeten, sich im Speisewagen einzufinden. Dort

werde über Mögliches informiert. Daselbst klagt eine Passagierin heftig. Ich verstehe sie nicht, aber ihre tränenreiche Verzweiflung spricht Bände. Ich erfahre, dass ich bis Malmö sitzen bleiben soll, um dort einen Zug nach Kopenhagen zu nehmen. Wo sind die Mauersegler jetzt?
Tatsächlich erwische ich in Malmö den zweitletzten Zug nach Dänemark und gehe aufgrund der fortgeschrittenen Tageszeit davon aus, dass in der europäischen Hauptstadt des Fahrrads die Reise für heute zu Ende sein wird. Da habe ich mich getäuscht. Für meinen Zug ist am Flughafen Kopenhagen Endstation. Mehrere Stationen vor dem Hauptbahnhof. Drei, genau genommen. Weiterführende Durchsagen für Weiterfahrende gibt es nicht. Was nun? Übernachten am Flughafen? Schauen, ob ich allenfalls einen Flug in die Schweiz erwische? Und damit den Vorsatz eines flugfreien Jahres über den Haufen werfen? Zu meiner echt grossen Überraschung entdecke ich einen Zug nach Hamburg! Es ist zu alledem der Zug, in dem ich einen Platz reserviert hatte. Reservieren musste. Manchmal machen Verspätungen glücklich. Seine beträgt 40 Minuten. Nachdem ich in Gedanken schon eine Nacht auf einer Parkbank in Kopenhagen plante, sitzt mir nun das Glück grinsend vis-à-vis. Irgendwie.
Nachts um Viertel nach zwei dehnt sich die einstündige Verspätung weiter aus. In Odense muss ein Notarzt her. Hoffentlich kommt er nicht zu spät. Bald trifft die Ambulanz ein, derweil die Fahrgäste gebeten werden, mit ihren Fragen noch zuzuwarten, bis der Zug wieder fährt. Dann habe das Personal wieder Zeit. Wirkungslos. Die Zugbegleiterin wird auf dem Bahnsteig regelrecht belagert. Sobald der Zug wieder in Bewegung ist, hängt sie am Telefon und organisiert Sammeltaxis für in der Nacht gestrandete Fahrgäste. Mit dem ersten Morgenrot erreichen wir Deutschland.
Den Platz für die letzte Reiseetappe reserviere ich am Schalter in Hamburg. «Falls es noch freie Sitze hat», be-

merkt der Schalterbeamte eine Spur zu grimmig. Als ob ich diesen Platz vorher hätte reservieren können. Vorsorglich mal je einen Sitz auf drei verschiedenen Zügen vielleicht? Auch dieser Zug erhält eine Verspätung. Mich stört es nicht mehr. Ich sitze und freue mich auf daheim. Im Hörspiel fällt soeben der Satz: «Erschöpft von der langen Reise mit lauter Verspätungen ...» Manche Zufälle sind seltsam zutreffend. Der Zug fährt nur bis Basel statt wie geplant bis Zürich. Die Verspätung sei inzwischen zu gross, erfährt die Zugsgesellschaft via Durchsage.
Die Mauersegler haben Olten schon längst verlassen. Nur die Alpensegler sind noch da.

Olten, 2018

Düstere Sternstunden

«Der tiefe Staat will, dass wir glauben, alles sei gut.» Damit lancierte der Sitznachbar im Lokal «Sternstunden» die Diskussion. Zuvor offerierte ich, den Restbetrag für sein Bier zu übernehmen, da die Bar keine Kreditkarten akzeptiert, worauf er sich zu uns setzte. Eine Sternstunde der Streitkultur wurde das nicht. Dabei hatte alles so harmlos begonnen mit seiner Feststellung, dass wir Schweizer dieselbe Sprache sprechen wie er als Deutscher. Als er sagte, leider verliere die Sprache ihre Eigenheiten, dachte ich, er spreche von Dialekten, und bestätigte. «Ja, damals, zu meiner Schulzeit, konnte man anhand des Wortes Schere erkennen, aus welchem Dorf das Schulgspänli kam. Mit zunehmender Mobilität gingen diese Eigenheiten verloren.» Er dachte eher an Multikulti und den Einfluss der Kulturen. Da wuchsen die Zweifel ob der sprachlichen Gemeinsamkeit. Als sich das Gespräch um den «tiefen Staat» zu drehen begann, wurde im hübschen Kieler Lokal der Keil zwischen uns deutlich. Wäre es ein Boxkampf gewesen, die Runden hätten böse in einer Ecke geendet. «Sie kontrollieren die Medien», versicherte er und legte sein modernes Natel (überwachbar) auf den Tisch, er, der zuvor mit Kreditkarte (verfolgbar) hatte bezahlen wollen. Vermutlich fährt er auch Auto mit Navi (steuerbar). «Seit ich das weiss, geht es mir gut», sagte er, «ich muss keine Zeitung mehr lesen.» Den Zusammenhang verstand ich nicht. «Oh», half er mir, «was habe ich mich informiert früher! Das ist vorbei. Weil, das ist alles manipuliert.» Ach, wäre das Leben nur so einfach, seufzte ich still und begann zu kämpfen. Weil Theorien von dunklen Mächten hinter dem Staat, den Kapitalismus manipulierenden, kapitalistischen Kräften mir quer kommen. Zu gross die Sehnsucht nach Freiheit. Drum fragte ich, ob er auch Medien konsumiert habe, worin sich tiefgründige, gute Recherchen finden liessen?

«Welche denn?» Ich zählte auf: «Die Zeit», «Süddeutsche Zeitung», «Le monde diplomatique», «BBC World News» oder ganz konkret «Weltspiegel» von der ARD. Las er nicht, sieht er nicht, kannte er nicht und sagte: «Du willst doch nur, dass es dir gut geht, drum konsumierst du ausschliesslich die guten Nachrichten.» Tatsächlich? Kann mich nicht erinnern, wann ich das letzte Mal nach einer Zeitungslektüre, einer Radio- oder Fernsehreportage einen Freudentanz vollführte, was ich ihm in anderen Worten erläuterte. Darauf wechselte er die Strategie: «Du bist sympathisch und wirkst intelligent, ich kann mir nicht vorstellen, dass du das nicht siehst», gestand er. Der Subtext aber lautete: «Du lässt dich verarschen.» Oha! Ähnliche Komplimente hatte ich schon in der Rekrutenschule erhalten. «Du bist so sympathisch, ich kann mir nicht vorstellen, dass du nicht an Gott glaubst.» Ich hätte es besser wissen müssen. Spätestens als er offenbarte, er sei früher – und inzwischen davon befreit – Mitglied einer Freikirche gewesen, Gott und die Bibel ihm die Wahrheit, war das Déjà-vu perfekt. Dennoch wollte ich weiter über guten Journalismus diskutieren, für unabhängige Medien streiten, mit neuen Argumenten nach Lösungen für eigenständiges Denken und verantwortliches Handeln suchen, das Ende des Gesprächs jedoch war markiert, als sein Ton deutlich aggressiver wurde und er seine Bekenntnisse zu wiederholen begann. Der Zufall wollte, dass wir tags zuvor in Kassel dort übernachteten, wo der Leichenschmaus für den ermordeten CDU-Politiker Walter Lübcke stattfand. In den Augen unseres Gesprächspartners war der hinterhältige Mord nicht zwingend eine Falschmeldung der manipuliert manipulierenden Medien, nein, in diesem Fall war es die Tat des tiefen Staates. Um zu zeigen, dass sie die Macht dazu haben und uns dennoch glauben lassen, alles sei gut. Sternstunden fühlen sich anders an.

Kiel, 2019

Spuren im Vinschgau

Bauernmarkt im Südtirol. Ein Städtchen im Vinschgau – mutmasslich das schönste von ganz Mitteleuropa – hart an der Schweizer Grenze, übergangslos angrenzend an das zauberhaft schöne Val Müstair. Nahe am Ofenpass, etwas näher am Pass da l'Umbrail, in nächster Nähe zum Reschenpass. Drum viel Verkehr, weil es sich so schön, schön schnell über die schönen Pässe inmitten schöner Berge kurven lässt. In gehäuftem Masse rast die Masse durch die enge Hauptgasse des kleinen Städtchens. Es wird gefahren, als ginge es um Leben und Tod. Und setzt sich, die eigenen Kinder und bestimmt auch anderes Menschsein und Lebewesen erhöhter Lebensgefahr aus. Oder der Gefahr vor dem Tod, was Lebensgefahr eigentlich meint, aber – nähme man es wortwörtlich – nicht sagt. Lebensgefährlich ist anderswo die Todesgefahr. Danger de mort. Pericolo di morte. Risk of death. Um es einmal in allen vier Landesprachen gesagt zu haben. Pardon, die schönste, die fünfte, fehlt: privel mortal gehört auch dazu und sagt dasselbe, obwohl es anders klingt.

Zurück ins mittelalterliche Städtchen, das eigentlich ein Dorf ist. Beziehungsweise ein durch eine heute noch mehrheitlich intakte Stadtmauer mit einer Stadt zusammengefügtes Dorf. Klingt kompliziert, wirkt hübsch. Und da Dorf, hat es auch noch Vieh, was grundsätzlich zu einem Dorf gehören würde, aber da heute viel Dorf entsteht, wo es nie Dorf gab und andernorts viel Neuzuzug dazu führt, dass das eigentliche Vieh im Dorf nicht mehr geduldet wird, da sonst die modernen Rindviecher nicht mit Karacho durch die Dörfer rasen könnten, als wären sie auf dem Land, wo rechts und links der Strasse – geschützt von Zäunen und vor rasenden Rindviechern – das Vieh grasen täte.

Im Dorf, wo rasen im Prinzip nicht möglich ist – da zu eng, zu viel Verkehr und vor allem viele Menschen – und dennoch gerast wird, liegt Mist auf der Strasse. Kuhmist. Nicht frisch und eigentlich schon lange weggewischt, gut sogar, an den Schuhen bleibt nichts hängen, doch weil Bilderbuch-gerechtes Kopfsteinpflaster, bleiben Spuren in den Ritzen und Spalten haften, und da das Wetter schon länger trocken, auch Verfärbungen auf den Steinen. Das scheint die Idylle eines Schweizer Paares zu stören, das über den Bauernmarkt schlendert, wo viel einheimisches Produkt angeboten wird, auch Waren vom Hof. Mit dem für Schweizer typischen, oft etwas nörglerischen Singsang, der in der Fremde noch befremdender sprich nörglerischer wirkt, bemängeln sie die mangelhafte Sauberkeit der Strasse, der Mist hätte doch vor dem Markt weggeputzt werden sollen, was er tatsächlich auch wurde, aber eben, die Spuren sind noch da, was ich persönlich als passend zum Anlass beurteile, da quasi dort authentisch.

Das Authentische sticht einem deutschen Paar ins Auge, es bemerkt, wie bemerkenswert es doch sei, dass sogar die Stadttore erhalten seien. Man erkenne daran, führen sie aus, dass zu entscheidender Zeit, sprich damals, als der motorisierte Verkehr kam und bald stetig zunahm, die Gemeinde, die Provinz, geschweige denn der Staat arm gewesen seien und ihnen drum das Geld fehlte, um die Stadttore zugunsten des wachsenden Verkehrs zu schleifen, was sich heute als Segen erweise. Ein nicht zu unterschätzender Zusammenhang, finde ich, welchem ich auf Reisen speziell in Europa immer wieder begegne, ausgeprägt in Wales beispielsweise, wo ganze Landstädtchen erhalten blieben, stilvolle Strassenzüge und Fassaden, liebevolle Einrichtungen ehemaliger Detailhändler, wo sich heute ein Kaffee in reizvollem Ambiente geniessen lässt. In der Schweiz war man zu entscheidender Zeit nicht nur nicht arm, sondern man verfügte augenscheinlich vielerorts über zu viel Geld, was mich zurück zum nörgelnden Singsang des Schweizer Paares führt, von welchem ich denke,

etwas mehr Dreck – damit ist nicht Abfall gemeint – täte ihm womöglich gut.
Die Gegenüberstellung der beiden Paare soll nicht den Gedanken keimen lassen, dass Schweizer das mit den Zusammenhängen weniger sehen (wollen) oder andere Zusammenhänge sehen, womöglich solche, die gar nicht sind, nein, da wären wir keineswegs exklusiv, wenn dem so wäre, denn da tun viele mit – nein, es sind die Aufregungen über Banalitäten und Bagatellen, die auffallen und vermutlich davon zeugen, wie absurd gut es uns heute geht und damals ging, als der Verkehr kam und stetig zunahm. Und ja, da denke ich gerne, etwas weniger wäre bestimmt mehr, was abgedroschen klingt, für mich aber wahrer ist, denn das jeweils an den Haaren herbeigezogene Argument, dass nur Neider hohe Löhne kritisieren, womit ich nicht die Bohne einverstanden bin, denn ich wünschte mir wahrlich, dass die wenigen, die viel haben, mindestens für eine Woche das tun, was die tun, die wenig haben, und dadurch vielleicht verstehen würden, was hart verdientes Brot wirklich meint. Sie könnten zum Beispiel für einen Bauernmarkt produzieren, wofür eine Woche niemals ausreichen würde, aber damit wäre endlich der Bogen zum Anfang geschafft, etwas unverhofft womöglich, aber egal, einmal muss Schluss sein.

Glurns, 2019

Bündnerland

Waidmannsheil

«Ist er berggängig?», fragt der Jäger den Kurhauschef. Ob das nun Vorbehalte bezüglich des Direktors Freunden oder allgemeine Vorurteile gegenüber Unterländern sind, bleibe offen. Es geht um mich. Jagd ist angesagt. Eine weitere Bedingung des Bergüner Jägers: «Keine Trekkingschuhe, Bergschuhe!» Offenbar bin ich da, um Klischees zu erlegen. Bald wandern wir in Richtung Piz Ela. Ich als sein Schatten: Geht er zügig, ziehe ich mit, wird er leiser, tue ich es ihm gleich, spiegelt er, versuche ich durchs Glas etwas zu erkennen, zückt er sein Gewehr, bleibt mir abwarten. Inzwischen ist es dunkel und in der Bergflanke vis-à-vis von unserem bescheidenen Nachtlager einer kleinen Jagdhütte entdecke ich das Licht einer Stirnlampe. Ein Anruf klärt, ein Jagdkollege suche einen Hirsch, überzeugt davon, ihn angeschossen zu haben. Nach kurzer Nacht, einfachem z'Nacht und Jägerwunschkonzert am Radio machen wir uns mit auf die Suche nach dem verlorenen Tier. Über den Bergkamm ziehendes Wild hält uns auf. Zwischen goldenen Lärchen lauernd bleibt unsereins bald nur noch grossartiges Hörspiel: Laut röhrende Hirsche und das Aufschlagen von Geweih zweier Konkurrenten. Das lässt hoffen, am Rande beteiligtes Getier überquere auf der Flucht die Asylgrenze und laufe dem Jäger vors Gewehr. Nix. Also suchen wir weiter, querhangein, rauf, runter und zurück. Es grüssen die Knie, das Tier bleibt verschollen. Da sind Haare, doch kein Blut. Womöglich traf er ihn nicht. Zu Hirsch kommen wir dennoch: Zu fünft sind wir schliesslich im selben Waldstück unterwegs und einer kommt zum Glück. Letzteres wird geteilt, letztlich frisch zubereitete Leber genossen und mir bleibt zuletzt ein ehrlicher Waidmannsdank.

Bergün, 2017

Zweites Daheim

«Ah, du bisch das», bemerkt Bauersfrau Franziska, als sie mir die Türe öffnet. Sie kennt mich von der Bühne. Seit 2009 trete ich jährlich mindestens einmal in Bergün auf. Besonders in Erinnerung ist ihr die Kuhszene aus «jour fixe», ein Stück, das zwischen 2010 und 2018 fix im Kulturprogramm des Kurhauses war. Die Direktion hatte sich das so gewünscht. Was die Bäuerin offenbar nicht wusste, ist, dass ich es bin, der ihrem Mann zur Hand gehen soll. Mein Erscheinen im Bergdorf sorgt grundsätzlich für etwas Verwirrung. Die Kurhausdirektorin erhält eine SMS mit der Frage, wer denn Sonderbares bei ihnen den Rasen mähe? Die Direktorin denkt vorerst an die weidenden Lamas. Später klärt sich, dass ich gemeint bin, was insofern für die Absenderin nicht passe, da jedes meiner Stücke im Kurhaus gesehen. Voilà. Das ist mein Sommerprojekt. Nicht die Verwirrung, das Aushelfen. Den Kopf leeren dank Horizonterweiterung und körperlicher Betätigung. Während zehn Tagen packe ich beim Kurhaus mit an. Jäte in Beeten, entwurzle Ahorn, setze Steine neu und spitze Teer weg. Damit sich die Tür im Tor zur Garage des Personalhauses wieder öffnen lässt. Bin quasi der Teermetz von Bergün. Beim Bauern Riet bin ich für zwei Tage. Tag eins: Stall ausmisten. War vermutlich als Test gedacht. Tag zwei: Auf der Alp Sträucher schneiden und in der Garage Anhängerlicht montieren. Es ist eine gute Zeit. Das Entgelt ist eine Mischung aus Kost, Logis, Batzen und Naturalien. So lässt es sich zufrieden leben. Ja, Bergün ist irgendwie mein zweites Olten. Sprich, ich gehe gerne wieder da hoch. Auch länger. Schön auch, was Bäuerin Franziska Direktorin Maya erklärt, was sie mir nicht erzählen sollte, es aber trotzdem tat: «Weisch, es het im Riet guet do z'erläbe, dass au e Künstler cha schaffe.»

Bergün, 2016

Drei Sonnenaufgänge über Bivio

Der landende Rettungshubschrauber wirbelt kräftig Schnee auf. Atmen fällt schwer. Zum Glück ist es kein Pulverschnee. Mit hochgezogenen Kapuzen kauern wir unterhalb des Piz Lagrev und warten, bis der Helikopter unsere Kollegin nach Samedan fliegt. Kreuzband futsch. Es ist kurz nach Mitte April und viel zu warm. Im Unterland überholt der Sommer den Frühling, während hoch droben ein sommerlicher Bergfrühling mit dem Winter flirtet. Es liegen Schneemassen wie seit Jahren nicht mehr. Täglich erklimmen wir während einer Woche mit Fell und Ski, manchmal mit Harscheisen, stets mit Musse einen Gipfel. Muot Cotschen, Corn Chamuotsch, Roccabella, Piz dal Sasc und Piz Surgonda, die Namen einer schön klingenden «Pizeria». Der Bergführer ist ebenso erfahren wie besonnen, das Hotel Post zu Bivio die Basis, die Gruppe bietet angenehme Gesellschaft und um uns herum herrscht kraftvolles Weiss, Ruhe und Erhabenheit, der ganze wohltuende, überwältigende Kitsch mächtiger Natur. Um das zu erleben, muss man früh raus und ist zeitig zurück. Sonst wird es mühselig. Und gefährlich. Der Schnee wird schwer, dessen Verhältnisse verändern sich von Hang zu Hang und Lawinen sind derzeit spontan. Drum schnallen wir, sobald Heli fort, unsere Skier zügig an und geniessen vorsichtig die Abfahrt. Es ist die Stunde vor Mittag. Gleichzeitig kämpft sich eine Gruppe hoch. Das dauert noch. Wir verstehen es nicht. Staunen über den Bergführer, der das ermöglicht, über die Gruppe, die es wünscht. Was treibt sie an? Fahrlässigkeit am Berg scheint weit verbreitet. Und nimmt zu, je näher das Wochenende rückt. Analog zum Ausflugverkehr am Julier. Und mit ihm sorglos Zigarettenstummel im Schnee entsorgende Tourengänger und Bergführer.
Angesichts grosszügig unterschätzter weisser Gefahr und ebenso vorhandenen Defizits an Respekt gegenüber der

Natur zweifle ich ehrlich, ob Mensch es jemals schaffen wird, den Klimawandel wahrlich ernst zu nehmen. Mich eingeschlossen. Etlichen wortreichen Beteuerungen folgen stets noch zu zahlreiche Billigflüge. Dabei liessen sich mit etwas Glück an einem Morgen über Bivio gleich drei atemberaubende Sonnenaufgänge geniessen. Wie, das bleibt unser Geheimnis.

Bivio, 2018

Showdown im Val Müstair

Es ist ein familienfreundlicher Flecken Schweiz – viel Natur, intakte Dörfer, kaum Zersiedelung, ungeahnte Wandermöglichkeiten und übersichtliches Verkehrsaufkommen. Normalerweise. Nicht samstags bei Sonnenschein zur Hochsaison im Sommer. Dann kommt es auf der Via Maistra im Val Müstair zum Showdown: Eine Handvoll Seelen wartet kurz nach elf auf dem Postplatz in Santa Maria. Deutlich mehr Verkehr rollt durch den hübschen historischen Kern. Halb Europa und etliche Kantone sind vertreten, in Blechkisten, auf Motor- und Fahrrädern aus Ost, West und Süd kommend. Wer schon mit dem Postauto von Zernez in Richtung Mals reiste, weiss um die engen Verhältnisse. Es geht um Zentimeter. Tempo 50 ist erlaubt, 20 wäre angemessen. Vorab Familienväter pflügen in einem Stil durch die Gasse, dass man sich fragt, woher diese Wut auf die eigene Familie kommt, sie mutwillig derart zu gefährden? Auch Einheimische rasen, als wären sie vom Teufel geritten. Im Gegensatz zu ihren Mittätern auf der Strasse kennen sie letztere blind. Bestimmt auch jedes Kind, das unverhofft vors Auto rennen könnte.

Plötzlich steht alles still. Die Fahrzeuge stauen sich aus allen drei Richtungen und blockieren zügig die engen Passagen, während Motorradfahrer nach und nach die letzten Manövrierräume füllen. Man harrt im Aktionsradius der Windschutzscheiben ungeduldig einer Lösung des Problems. Die Motoren sind mehrheitlich an und auf Zweirädern wird damit gespielt. Es ist heiss und wird stickig. Dank Klimaanlage stört das die Mehrheit der Beteiligten nicht. Ein Postauto wird aus östlicher Richtung erwartet, die Polizei sitzt am westlichen Dorfeingang fest. Ursache für den Stillstand sind ein Wohnmobil und ein Auto mit Wohnwagen, welche sich den Weg versperren. Natürlich sind nicht nur enge Platzverhältnisse Grund für

den Schlamassel, falsch eingeschätzte Autogrössen und grosszügig vorhandene, mangelhafte Fahrkünste sind dem Stillstand gute Partner. Ebenso reichlich Egoismus. Kaum jemand gewährt freiwillig Vortritt. Herrlich! Europa begegnet sich im Ostzipfel der Schweiz und wartet. Welch gekonnte Realsatire und von Abgasen geschwängerte Persiflage auf die politischen Machtspiele an einem Klimagipfel!
Endlich bemüht sich eine Frau aus dem Gefährt mit Wohnwagen und löst die wohnmobile Sperre, nur um zuzusehen, wie sich ihr Gatte beim nächsten Engpass wieder zwischen Hauswand und freie Fahrt fordernden Fahrzeugen verkeilt. Da reisst mein Geduldsfaden und ich beginne den Verkehr zu regeln. Sprich, ich bitte mit herrischem Handzeichen die talwärts Strömenden zu warten (und staune, sie tun es), damit sich das mobile Ferienheim aus dem Dorf schälen kann und der bergwärts stehende Verkehr zum Fliessen kommt. Schliesslich warte ich auf besagtes Postauto. Klar egoistisch, aber der Verkehr rollt wieder. Die in den vordersten Fahrzeugen winken mir dankend zu, während ich denke, warum bloss sind sie nicht ausgestiegen, um Ähnliches zu tun? Es ist kurz nach High Noon. Bald darauf beobachte ich am Lai da Valpaschun, wie Libellen sich Luftkämpfe liefern und einander unter die Wasseroberfläche zu drücken versuchen. Parallelen zum Gebaren auf den Schweizer Strassen lassen sich nicht leugnen.

Sta. Maria, 2017

Tristesse pur

Musik. Gitarrengezerre. Massentauglich arrangiert. Vermutlich. Lässt sich nicht mit Bestimmtheit sagen. Nach ein paar Takten macht die Musik einen Hüpfer zurück. Es beginnt von Neuem. Verzerrte Gitarren. Wieder der Hüpfer. Zurück auf Feld eins. Dieselben 15 Sekunden Kuschelgitarren. Hüpfer. Zurück. Hört man genau hin, lässt sich einige Sekunden zuvor ein zweiter Sprung erlauschen. Nach vorne. Aber kleiner. Im Restaurant sitzt ein Dutzend Menschen. Gäste und Personal. Essen und Warten. Hüpfer und Gitarren. Niemand scheint die Musik bewusst zu hören. Das Zurück. Die Hüpfer. Der grosse und der kleine. Immer wieder. Endlose Repetition an einem Sonntagabend. Tatort ist das einzige Restaurant im Ort, das offen hat. Das Angebot trostlos wie vielerorts, wo ein Knebelvertrag die Getränkekarte bestimmt. Übernachte danach in einem Hotel, das schon geschlossen hat. Mutterseelenallein. Zwischensaison in den Bergen. Ist nicht ein von mir kreiertes Bild, um sich nie verändernde Vorgänge zu beschreiben. Alljährliche Wiederholungen. Ideelle Stagnation. Nein, die Musik spielt wirklich. Gitarren. Sprung. Vor und zurück. Die immergleichen 15 Sekunden. Niemand reagiert. Bis ich den Kellner bitte, eine andere CD einzulegen. Es folgt andere Musik, kaum besser. Wenigstens ohne Hüpfer. Mich freut's. Keine Seele reagiert. Anlass für meinen Aufenthalt in den Bergen: ein Trockensteinmauerbaukurs im Park Ela. Innert zwei Tagen bewegen wir zu fünft oberhalb des Dorfes rund 20 Tonnen Material. Von Hand. Zwei schöne Tage. Abends: Tristesse pur. Spaziere durch tote Zweitwohnungsquartiere. Habe die Musik im Ohr. Verzerrte Gitarren. Sprung. Stets dieselben paar Takte. Schätze mich glücklich, dass ich in einer Stadt ohne Saisons lebe. Immer Alltag. Doch stets Leben. Manchmal auch mit Hüpfer, politischer Art. Vor und oft zurück.

Savognin, 2016

Zeit

Die Stimmung ist dramatisch, morgens um Viertel nach sechs Mitte September auf dem Maiensäss Dmiez bei Preda. Kalter Wind bläst um die Ecken des Stalles und treibt den Duft nach Kuhmist aus der Nase. Würde es regnen, fiele Schnee. Eine Ahnung der aufgehenden Sonne schleicht sich an den Himmel, der Tag kündigt sich an mit einem farbigen Schimmer auf der Wolke, welche hinter dunkler Bergkette und mächtigem Strommasten im Wind tanzt. Mit zunehmendem Licht erhalten die Wolken mehr Farbe und an den Bergflanken wird der erste Schnee sichtbar. Hoch über dem Stall steht ein Schnitz Mond und drinnen sind der Bauer und sechs Kühe. Zwei Kühe wurden tags zuvor auf die Alp im Val Tuorz gezügelt, da sie nicht mehr gemolken werden. Vor einer Viertelstunde führten wir die anderen Tiere zu diesem Zweck von der Weide in den Stall. In einer weiteren Viertelstunde werden wir sie via Passstrasse auf ein Stück Grün neben der riesigen Baustelle zum neuen Albulatunnel begleiten. Und abends wieder zurück in den Stall und danach auf die neu eingezäunte Wiese beim Maiensäss. Gezäunt wird viel dieser Tage, bei Preda, in Bergün und im Val Tuorz. So kommen ganze Tageswanderungen zusammen, auch beim Kontrollieren der Zäune. Hirsche reissen bei ihren nächtlichen Weidegängen unfreiwillig gerne Zäune und Pfosten nieder. Weitere Fussmärsche ergeben sich durch das Einwintern des Blaudistelfeldes. Ochsen zählen. Oder erst suchen, um sie zu zählen. Das Käsewaschen kommt einem Krafttraining gleich und das Schleifen der Messer für den Mäher hat die Qualität einer Konzentrationsübung. Ich stehe wieder im Einsatz bei meinem Lieblingsbauern. Weil ich Zeit habe.

Bergün, 2017

La Maladie Suisse

Auf einem Abendspaziergang durch ein irgendwie wunderbar intaktes Bergdorf kommt mir auf der Hauptstrasse, die glücklicherweise nicht wie eine solche wirkt, da lästiges Kopfsteinpflaster, weil eng, weil Tempo 30, weil vielleicht ein bisschen schmuddelig, weil viele weitere weil und viel Weile, ja auf eben dieser Dorfstrasse kommt mir eine Familie entgegen. Mutter, Vater, Grossvater, Töchter Gianna und Nina und mit etwas Abstand der kleine Linard. Keuchend schiebt der Bube mit dunklem Wuschelkopf und behelmt behände sein Fahrrad mit Stützrädern den Stutz hoch. Auf meiner Höhe hält er inne, blickt mich mit grossen, offenen Augen an und grüsst, obwohl unbekannt, mit einem wohlklingenden: «Ciao.» Wow! Das «Ciao» trifft direkt in mein Herz. Es wärmt wie lang ersehnte Frühlingssonne nach düsterem Winter und in Windeseile windet sich ein windiger Gedanke aus meinen Windungen hervor: «Wie heil die Welt doch ist.» Ja, genau da in diesem kurzen Moment fühle ich so und denke, wie heil die Welt in vielen andern Augenblicken sein könnte, wenn mehr derart zauberhaft gesandte Grussworte uns erreichen würden. «Ciao.» Das klingt jetzt ziemlich schwülstig, aber genauso war es. Und beim Kurhaus im Ort, wo ich für vierzehn Tage als Handlanger den Gärtner spiele, ja zeitgleich zum befreienden «Ciao» läuft unter freiem Himmel die Neuverfilmung von «Heidi». Kitschiger geht's nicht.

Den Film übrigens habe ich mir bereits ein halbes Jahr zuvor im Auftrag des besagten Kurhauses angetan, weil ich seinerzeit erfrischend kurzfristig angefragt wurde, für die Silvestergala mit entsprechendem Motto einen ansprechenden Text zu schreiben. Um im Kino nicht sonderlich aufzufallen, wollte ich die Kinder meines Bühnen- und Lebensfreundes ausleihen, doch die waren bereits von ihrer Grossmutter gebucht. Also dachte ich kurz, ich könnte meinen Vater fragen, doch zusammen würden wir zu sehr auffallen. Ein Expolitiker und ein Nochsatiriker zusammen im Kinderfilm am Nachmittag vor Heiligabend. Stellt euch das Gewäsch auf den heimischen Strassen vor. Drum ging ich allein, und zwar sehr knapp, mitten in die Werbung rein. Ein Selbstversuch. Kaum drin und nach fünf Minuten Film fragt ein Kind: «Wie lang goht dä Föum?» Das kann ja heiter werden. Wird es. Beim Anblick des Dieners in Frankfurt will ein kluges Kind wissen: «Isch das ou e normale Mönsch?» Mit der Zeit lassen die Fragen nach. Vielleicht schlafen sie, die Kinder. Vielleicht waren ihnen die Antworten ihrer Eltern oder Grosseltern zu banal, worauf sie dachten, bei derart dürftigen Gedanken denke ich mir die Antworten fortan selber. Zur Pause fragt eine hoffnungsvolle Kinderstimme: «Isch jetz fertig?»

Nach der Pause staunt ein Kind: «Chunnt's nomol vo vore?» Während der gesamten zweiten Hälfte höre ich mal geflüstert, mal lauter: «Ich wott hey.» Ich denke: «Ja bitte, geht.» Aber vergesst eure Eltern nicht! Heidi im Film denkt dasselbe wie das Kind im Kino, da grade gefangen bei der bösen Gouvernante und krank. «Sie hat ‹La Maladie Suisse›», sagt der Arzt. Wie bitte, was? Der Filmdoktor beantwortet die Frage umgehend: «La Maladie Suisse.» Sie steht nicht für die Schwindsucht in der Detailbranche. Auch bemerken die Deutschen ob dem Anblick der über die Grenze strömenden Einkaufsherden nicht: «Hoppla, es werden immer mehr Schweizer Wirtschaftsflüchtlinge; die Maladie Suisse scheint ansteckend zu sein.» Die Schweizer Krankheit steht ebenso wenig für ein gehäuftes Auftreten von Rohstoffkonzernen oder Handelsfirmen, die mit Rohstoffen handeln, welche fern von der Schweiz unter widrigsten Umständen abgebaut werden. Nein, während um mich rum mit Popcorn geknistert, gequengelt und geplaudert wird, leidet Heidi an Heimweh. Und ich? Ich weine wie ein Schlosshund. Vor allem das Schweizer Mädchen und

die deutsche Tante spielen sich mir direkt ins Herz. Über 40 Jahre war ich Heidiabstinent, und dann das!
Was bleibt? Von der heilen Welt? Nein, ich will sie nicht wie im Film heraufbeschwören, die heile, mühselige Bergwelt oder die von Strassen und Tunnels durchzogene Schweizer Idylle, wo zumindest im Unterland den Kindern dank Elterntaxis mit dem Schulweg das letzte Stück Freiheit geklaut wird. Dennoch, sie täte uns gut, die Botschaft von unmittelbarer Natur und Menschlichkeit, Authentizität und Ehrlichkeit. Wie ein Ciao, das uns erweicht. Augen, deren Tiefe tief in uns hineinblicken lassen. Wie die verblüffende Weisheit der Kinder, die uns innehalten lässt, wenn zum Beispiel ein Kind seinem Vater erklärt: «Du weisch noni genau, wo mir si, aber du weisch ganz genau, dass mir am richtige Ort si.» So ist es.

Bergün, 2016

USA

Paradies

Alaska. Weite Leere …

… und dann plötzlich eine Kreuzung. Strassen aus vier Richtungen. Hinter ihnen liegen jeweils mehrere Hundert Kilometer Nichts. Bei der Kreuzung steht ein einsames Kaffeehäuschen. Mit vorzüglichem Espresso. Paradiesisch.

Richardson Hwy, 2011

Mall-Walkers

Eine Mexikanerin geht telefonierend. Zwei Damen unterhalten sich im Gehen. Alle drei werden überholt von einer Weisshaarigen. Auch sie geht, nur deutlich schneller, den Wänden entlang. Jede Ecke wird mitgegangen. Auch die von den Ein- und Ausgängen. Rechts, links, links, rechts. Alle tragen Sportschuhe, sportliche oder zumindest bequeme Kleidung. Und gehen den Wänden entlang. Bleibt man lange genug Beobachter, sieht man sie noch einmal. Mehrmals. Davon abhängig, wie viele Runden sie sich vorgenommen haben. Immer schön parallel zur Wand. Links, links, rechts. An Schaufenstern vorbei den Wänden folgend. Links, links. Später lassen sich weitere Menschen in der Baybrook Mall entdecken, die dasselbe tun. Gehen links den Wänden entlang, rechts an Menschen vorbei, die einkaufen, warten, lesen, Kaffee trinken. Stille Zuschauerinnen. Menschen, die vor sich hinstarren, sich die Nägel machen lassen im Einkaufszentrum mit jährlich 15 Millionen Besucherinnen und ihren männlichen Artgenossen. Die sogenannten Mall-Walkers bewegen sich anstatt im nicht vorhandenen Park in der zwischen riesigen Parkplätzen eingeklemmten Mall. Im Aussenbereich des Zentrums hat es weitere Läden, Cafés und vor allem Restaurants. Eine künstliche Kleinstadt mit verkehrsfreier Flaniermeile im boomenden Stadtteil Friendswood, weit südlich von Down-town Houston, Texas. Das Space Center Houston liegt deutlich näher. Das Einkaufszentrum ist vielen Menschen hier, was uns in der Schweiz gut frequentierte Bahnhöfe sind. Orte der Begegnung. Auch für Menschen, die keinen Zug nehmen, nichts einkaufen. Orte wider die Einsamkeit. Manche schön, viele weniger. Wichtig, weil in Städten hüben wie drüben viel Leben verloren ging. Weil den Innenstädten Begegnungsorte genommen wurden. Durch

Einkaufszentren. Zunehmend auch durch Bahnhöfe. Ein seltsamer Zug.

Austin, 2019

Alligatoren-Walk

Spaziergang im Brazos Bend State Park, Texas. Auf Schildern und Papier wird reichlich vor Alligatoren gewarnt. Man solle sie nicht füttern, nicht ärgern, dafür die Hunde an die Leine nehmen und nicht ins Wasser steigen. Wie die Kinder zu führen sind, davon steht nichts. Erstaunlich für das Land, wo Väter bestraft werden, weil sie ihre Kinder unbeaufsichtigt auf einem Spielplatz herumtollen lassen. Zurück zu den wilden Tieren. Sie seien smart. Und schnell. Und ja, man solle Abstand halten. 30 Fuss. Alles klar. Falls man überhaupt einen Alligator zu Gesicht bekommen sollte. Denke ich. 300 erwachsene Tiere leben hier. Liest man. Auf 4800 Hektar. Inklusive Dutzende Kilometer Wanderwege. Ich glaube nicht, dass uns das Glück hold ist und ein Alligator unseren Weg kreuzen wird.
Wir nehmen den *40 Acre Lake Trail.* Kaum am Wasser, sehen wir ein Jungtier auf einem Baumstamm im Wasser. Dass es jung ist, nehme ich an. Ich stelle mir ausgewachsene Tiere grösser vor. Sie sind es. Wie sich unschwer beim zweiten Tier erkennen lässt. Auch im Wasser. Jedoch nur mit den Vorderfüssen. Kopf dem See zugewandt, der Rest des Körpers ragt in Richtung Wanderweg. Da ist nicht mehr viel dazwischen. Wir gehen weiter. Waren das 30 Fuss? Der Kopf ist zu beschäftigt, um zu rechnen, die Geräuschkulisse zu berauschend. Noch nie gehörte Vogellaute. Dicht und laut. Bald sehen wir parallel zum Weg ein drittes Tier. Das sind bestimmt 30 Fuss. Es scheint zu grinsen. Wir sind hin und weg, die Naturkulisse ist schlicht beeindruckend. Mein Begleiter, ein Fotograf und Freund, schiesst ein Bild vom verwunschenen Wald mit hängenden Moosen. Derweil drehe ich mich um und entdecke unmittelbar neben dem Weg einen Alligator. Ich erschrecke angemessen. Wie viel misst eigentlich ein Fuss? Frage ich den Fotografen. 33 Zentimeter, meint er. Macht zirka 10 Meter. Gut.

Nein, nicht gut! Das sind nie und nimmer 30 Fuss. Waren es nie! Ausser beim grinsenden Reptil vielleicht. Ganz bestimmt. Der hier grinst auch. Wir sollten vorsichtiger sein. Erst umschauen, dann fotografieren. Guter Vorsatz, kaum erfüllbar. Erkennen wir weitere Schreckmomente darauf. Man sieht sie kaum. Sie sind zu still und bewegen sich nicht. Wirken deshalb irgendwie harmlos. Das erklärt vielleicht, weshalb sie alle so schelmisch grinsen.

Austin, 2019

Europa?

Dringende Fälle

Sharon muss ihr künstliches Hüftgelenk ersetzen. Sie gilt als dringender Fall. Mit einer Wartezeit von maximal zwölf Monaten, erzählt sie beim Abendbrot im Frühstücksraum. Dass sie einen Termin im ersten Drittel besagter Frist kriegte, habe sie überrascht. Morgen sei es so weit. Heute rief das Spital erneut an. Der ihr zugesicherte Termin könne unter Umständen gestrichen werden. Man wisse nicht, ob ein Bett frei sei. Falls doch, rufe man sie noch einmal an. Nett. Sharon ist ziemlich angespannt. Erhielte sie keinen Anruf mehr, hiesse das, dass sie tags darauf trotzdem erscheinen müsse. Ob ihr Termin schliesslich wahrgenommen werden würde, erführe sie jedoch erst vor Ort. Es ist eine Autofahrt von zwei Stunden. Vielleicht umsonst. Dies Trauerspiel geschieht nicht in einer verlassenen Gegend, fern von jeglicher staatlicher Infrastruktur. Wie im Yukon Territory, Kanada, wo mir Ähnliches zu Ohren kam. Da war es eine Tagesfahrt für eine Augenoperation, die nicht stattfand. Weil der Arzt ausfiel. Ferienhalber. Sharon lebt in einem Flecken Europas, wo die Menschen derart hundevernarrt sind, dass in Cafés «dog beer» angeboten wird. «We are very dog friendly», erklärte ein Gast, als ich fassungslos die Flasche Hundebier in den Händen hielt. «Indeed, you are.» Dachte ich. Es leben die Hunde.

Sharon lebt in Dolgellau. Sie ist Gastgeberin eines sehr gemütlichen B&B südlich vom Snowdon im nördlichen Wales. Grossbritannien. Gross fühlt sich anders an. Hier schliessen die allermeisten Geschäfte abends um fünf. Manchmal um halb sechs. Oder früher. Menschen leben trotzdem hier. Bauern auch. Und Bäuerinnen. Viele von ihnen führen auf ihrem Gehöft einen und vereinzelt andernorts einen zweiten Campingplatz. Weil sie ein anderes Anwesen übernommen haben. Das Bauernhofsterben grassiert auch hier. Hier, wo vor allem Schafe grasen. Gras

fressen bis hoch auf die Hügel hinauf. Auch im Nationalpark. Rentieren aber tut's nicht. Scheren kostet mehr, als sie für die Wolle kriegen. Das Fleisch macht die Kasse nicht weniger knapp. Dem Konsumenten ist günstig nicht billig genug. Dafür kriegen sie Subventionen fürs Mauernpflegen und Bäumehegen. Alte Steinmauern zieren die Landschaft, junge Wälder schützen vor Überschwemmungen. Sage die Regierung. Sagt Gwenan. «I don't think it works», zweifelt die Zeltplatzbäuerin. Wie sollen Bäume gegen Erosion wirken? Ich erkläre ihr Zusammenhänge, sie trauert baumloser Hügellandschaft nach. So war es eben. Früher. Wie man auf alten Fotos sehe. Sagt die junge Frau. Später sinniere ich, wie es früher war. Vor den Bildern. Vor Schwarz-Weiss. Bevor Wälder für den Schiffsbau schwanden und Schafe auf Hügel wanderten.
Tags zuvor, morgens um halb sechs. Nick fährt mit dem Auto vor. Die Tür geht auf. «Barambababam!» Das Autoradio. Laut. Sehr laut. Zu laut. Sharon steigt ein. Ihr Freund fährt. Sie hat Putzmittel, Lappen, Desinfektionsmittel mit. Seit der Putzdienst in den Spitälern privatisiert wurde, komme Gewinn vor Sauberkeit. Hat sie erlebt. Sagt sie. Drum putze sie dort jeweils selber, Bad und Zimmer. Wortwörtliche Privatisierung.

Brecon, 2018

Hoffnung?

Flauschig muten sie an. Und unbeholfen. Mit grossen, dunklen Kulleraugen blicken sie die Klippen hoch. Klagende Rufe erfüllen die Bucht. Ältere Tiere schaukeln in den Wellen, tauchen auf und ab. Zwei liefern sich einen Kampf in den Wogen. Vermutlich Teenager. Alle andern kommen und gehen, jagen oder warten ab, wachen, umsorgen die knuddeligen, weissen Pelzknäuel. Manche jung und dünn, Robben mit sich unter dem Fell abzeichnenden Rippen, andere fett und rund, drei Wochen lang mit nahrhafter Muttermilch genährt, alle noch ohne isolierende Robe. Oben grasen Schafe, traben wilde Pferde, im Nationalpark an der Küste von Pembrokeshire. Herbst in Wales. Eine noch nicht ganz so runde Robbe robbt über den Strand, kämpft sich klagend über Felsen, auf der Suche nach Futter, nach der futternden Mutter. Immer näher zum Wasser. Felsen und Spalten bilden verhängnisvolle Gefahrenherde. Man sieht das Unheil nahen, möchte rufen: «Kehr um!» Stehe hoch über der kleinen Kegelrobbe auf der Klippe, weiss, man soll sie in Ruhe lassen. Ein Ruf würde vermutlich missverstanden. «Stopp!», hallt es innerlich. Das Junge kugelt in eine Spalte. «Autsch!» Dieser Ruf rutscht mir raus. Nicht tief, die Spalte, zu tief für das kleine Tier. Die Flossen sind ihm nicht behände Hände genug, die hüfthohen Felsen eine unüberwindbare Wand. Lassen sich nicht robbend erobern. Noch ahnt das Tier nichts von der ihm blühenden Eleganz im Wasser. Wird die Mutter ihren Nachwuchs hören? Finden? Ihn mit den Zähnen am Kragen hochhieven können? Was geschieht, wenn die Flut kommt? Den Vater interessiert das nicht. Wir ziehen weiter. Können nicht helfen. Dürfen nicht. Leben leben lassen. Können Robben hoffen?

St Davids, 2018

Stilvolle Stille

Das Lokal ist nicht schön, der Publikumsaufmarsch hingegen schon. Grob geschätzt 150 Menschen. Mindestens. Manche schön, meistens mit schöner Ausstrahlung. Ein ausverkauftes Jazzkonzert in Cardiff. Drei Musikerinnen, zweimal England, einmal Palästina. Hinten im Saal, seitlich, die Bar. Ich sitze vorne, auch seitlich, nur vis-à-vis, Bühne und Saal im Blick. Mir graust vor der drohenden Geräuschkulisse während des Konzerts. Erwartungen geprägt von Erlebnissen daheim. Nicht durchwegs, aber viel zu oft. Es folgt eine kurze Ansprache des Veranstalters, dann legen die drei Frauen los. Die Zuschauerinnen und Zuschauer hören tatsächlich zu. Ausnahmslos. Drei Sets lang ganz schön anständig ohne Gefummel auf Touchscreens und Geplapper mit Nachbarn, ohne Gläserscheppern und Flaschenklirren, ohne herumwuselndes Personal und Harassen schleppende Wirte. Welch ein Genuss! Was haben die Stil, die Waliserinnen und Waliser! Übrigens nicht nur an Konzerten, auch auf der Strasse. Nicht grundsätzlich, wie sich unschwer am an Strassenrändern liegendem Abfall ablesen lässt, immerhin aber haben sie Fahrstil. In Wales herrscht kein Drängen und Aufhocken, weder auf Landstrassen noch innerorts. Kurven werden nicht geschnitten und nach dem Überholen auf der Autobahn wird zügig auf die erste Spur gewechselt. Gedankt wird mit Lichthupe, Winken oder Warnblinker, je nach Situation. Respekt. Das führt zu viel Entspannung, was das Inselvolk angesichts der angespannten politischen Lage derzeit wahrhaftig gebrauchen kann. In der Schweiz hingegen wird gefahren, als diskutierten wir auf der Strasse über Europa: gehässig, unversöhnlich, polarisierend und so fort, ohne wirklich weiterzukommen.

Erfreulich viel Stil lässt sich übrigens im europäischen Norden, fern von der uniformen, zürcherischen Europaallee, entdecken. In Oslo wird mit stilsicherem Tiefsinn gezeigt, dass sich auch schöne, vielseitige Hochhäuser bauen lassen. In der norwegischen Hauptstadt trifft man zudem auf Schritt und Tritt auf schöne, alte Ecken, gelungene moderne Architektur und mutig gestaltete, neu genutzte alte Industriebauten in einer Häufung, wie ich es in der Heimat aus keiner Stadt kenne. Und der Langsamverkehr! Ja, der Langsamverkehr. Das geht daheim zu langsam voran. Wir ziehen Stillstand dem Stil vor. In Oslo ist es schon mal richtig gut. Etwas weiter südlich, eine Fährfahrt über Nacht entfernt, in Kopenhagen, was soll man sagen: Velostadt par excellence! Alles fährt Rad und das mit Stil. Das ist nötig, weil sehr viel. Drum gibt Handzeichen, wer zu bremsen plant, gespurt wird rechts, damit links überholt werden kann, und sie wirken so schön, die Menschen, so sportlich, gesund und fit, elegant und chic. Man ist geneigt zu sagen, dieser Stil macht schön. Allesamt Verhältnisse, wie ich sie auf Schweizer Strassen oft schmerzlich vermisse. Stil, wovon ich mir für die heimischen Gefilde mindestens eine Scheibe wünsche. Wenn zum Beispiel während eines Referats in den Händen eines mutmasslich zuhörenden Exekutivmitglieds ein Handy auftaucht, zeugt das nicht nur von einem Defizit in der Staatskasse. Vor allem, da besagte Person mit Vorbildfunktion während der eigenen Ansprache vermutlich den Anspruch hatte, dass die Anwesenden nicht nur so tun, als würden sie zuhören. Was mich bei etlichen exekutiven Reden vermehrt ziemlich vermessen dünkt, denn dank Klimawandel verfügen inzwischen gar die Prognosen einer Wetterfee schier über mehr politische Aussagekraft. Auch ohne etwas zu sagen. Apropos Stille: Die Däninnen und Dänen beweisen, dass sich selbst Lärm mit Stil einsetzen lässt. Das Horn der Feuerwehr, Polizei und von Krankenwagen ertönt jeweils nur dann, wenn es wirklich eng wird, wenn wahrlich Platz gemacht werden muss.

Von Cardiff 2018 bis Kopenhagen 2019

Hoffnung!

Eine Fähranlegestelle in der Normandie. Mehrere Gruppen junger Männer sitzen am Hafen von Le Havre in einer Sackgasse, verteilt auf Parkbänken, Mauern und Rasenflächen. Warten ab. Plötzlich durchdringen aufgeregte Rufe das Schreien der Möwen und den Lärm der Strasse. Ein gutes Dutzend der jungen Erwachsenen rennt los. Einem Lastwagen nach. Er fährt zur Fähre für die Überfahrt nach England. Bald vor ihm die wartenden Kolonnen, hinten die Hecktüren offen. Wie sie geöffnet wurden und wann das geschah, habe ich nicht mitbekommen. Sehe nur, sie sind offen und eine Gruppe schwarzer Männer versucht das hoffnungsvolle Loch zu erreichen. Weiter vorne, nahe der Kolonne, steht die Gendarmerie, die Szenerie im Auge. Abwartend. Die Situation scheint ihnen alltäglich zu sein. Später, etwas fern der Fähranlegestelle, weg von all den neuen Zäunen um den Hafen, weiter im Landesinnern in Richtung Autobahn, doch noch im Ort, weitere Gruppen junger schwarzer Männer. Sitzend. Wartend. Schlagen sich die Zeit tot. Noch später, fern vom Meer, weit im Landesinnern, weisse Punkte auf einem Feld, entpuppen sich als ein Schwarm Möwen. Sie können über den Kanal fliegen. Legal. Auch wieder zurück, sollte der Brexit die Insel vollends in ein Chaos stürzen. Wenn sie wollten. Falls es ihnen nützen sollte. Sollte sie das überhaupt interessieren.

Des Abends erfahre ich, dass es die Polizei manchmal nicht so genau nimmt, hie und da ein Auge zudrückt. Oder in eine andere Richtung blickt. Nur inoffiziell natürlich. Warum sollte man sie aufhalten? Die am Hafen wartenden Männer wollen eh nicht bleiben. Ihr Ziel, ihre Hoffnung heisst England. Nicht allgemein Europa. Ähnlich wie für viele Engländerinnen und Engländer. Nur anders. Ob das für die französischen Polizistinnen und ihre Berufskollegen bei ihren Kontrollen mit eine Rolle spielt? Ironie des Schicksals? Europa reagiert. Auch im Kleinen. Weil dank Brexit hier etwas einfacher der Exit. Vielleicht.

Argentan, 2018

weltweit

was die Menschheit
zu einen scheint
weltweit
gar global vereint

sich findet in allen Ländern
ob arm oder reich
an Strassenrändern
überall gleich

es nennt sich
auch schwebend im All
offensichtlich
Abfall

Von Wildschweinen

«Hast du gehört?», fragt Heinz seinen Freund Ruedi.

«Was?»

«Dänemark baut einen Zaun wegen der Wildschweine.»

«Wegen oder gegen?»

«Hä?!»

«Um sie zu schützen wäre wegen, für ein Nichtdurchkommen gegen.»

«Gegen.»

«Sympathisch.»

«Hä, wieso?»

«Endlich setzt mal wer diesen Wildschweinen Grenzen.»

«Welchen Wildschweinen?»

«Eben.»

«Eber?»

«Meistens.»

«Hä?»

«Meistens sind's Männer.»

«Ruedi, wovon sprichst du?»

«Von den Männern, die es plötzlich gehäuft auf politische Sessel schaffen und man sich fragt, wie konnten die das schaffen, weil da oben», Ruedi zeigt auf die Stelle unter seinem Hut, «weil da oben scheinen es einige Zusammenhänge nicht zu schaffen, ja überhaupt», Ruedis Stimme schöpft Kraft aus tief gelagerten Gefühlen, «wie kann derart viel Unmenschlichkeit in Anzügen von so viel Mensch freiwillig gewählt werden? Hä?! Kannst du mir das mal erklären, lieber Heinz?!»

Stille.

Heinz holt Luft.

Heinz will was sagen, vergisst aber ob seinem Staunen über Ruedis Explosion, was er sagen wollte. Schliesslich sagt er: «Ich kann es dir nicht sagen.»

«Aber ich, mein Lieber. Es ist, weil sie ganz schön viel Orientierungslosigkeit bedienen können.»

«Wo?»

«Hier», Ruedi zeigt abwechselnd auf sich und Heinz.

«Hä?»

«Zu viele Mannsbilder, mein Freund, kompensieren mangelhaften Selbstwert mit männlichem Stolz. Das macht sie empfänglich für die Wildschweine der politischen Laufbahn.»

«Aha.»

«Ja.»

«Ruedi, diesen Wildschweinen stehen die Grenzen nach wie vor offen.»

«Und der Zaun ...»

«... ist für echte Wildschweine.»

«Also gegen?»

«Ja, wegen der Krankheit, die sie einschleppen könnten.»

«Und die andern Wildschweine?»

«Können weiterwursteln und andere infizieren.»

USA
Kanada I

Stadt mit Tinnitus

Kurz vor der Abreise im Sommer 2009 setzte ich mich an meinen Lieblingsplatz am Waldrand, blickte über die wunderbar kompakte, von Waldhügeln umschlossene Stadt und dachte, ja, das ist schön. Warum wissen Kleinkrämer nicht zu schätzen, was ihnen zu und unter den Füssen liegt? Ich lauschte den vertrauten Geräuschen der Kleinstadt, genoss das Vogelgezwitscher, blickte nach den Baukränen und überlegte, was sich bis zur Rückkehr in zwei Monaten alles verändert haben würde. Schliesslich sandte ich meinen Gruss zum Homberg, zum Profil des liegenden Mannes, und bat ihn, in dieser Stadt nach dem Rechten zu sehen. Er möge dafür sorgen, dass sich der wieder aufkeimende aufmüpfige Geist unter den Stadtlebenden nie wieder verflüchtige.

Jetzt sitze ich in New York, Eindrücke bündelnd. Diese widersprüchliche Stadt, mit mehr Einwohnerinnen und ihren Wohngenossen, als die Schweiz fasst, mit dem Puls der Gehetzten, mit stetem Tinnitus, da mindestens in Manhattan der Strassenlärm nie endet. Diese Weltstadt, die diesen Titel wirklich verdient, ist geordnetes Chaos und lebendigste Ordnung, grösstmöglicher Kompromiss und kompromisslose Individualität zugleich. Hier breiten an der Canal Street Muslime ihre Teppiche auf dem Trottoir zum Gebet aus und Juden tänzeln dazwischen hindurch, während unsereins über Minarette streitet. Regnets, was es in diesen Tagen reichlich tat, gehen Frauen in Gummistiefeln, und niemand, aber auch gar niemand lässt einen dummen Spruch fallen, im Gegensatz zur Schweiz, wo kommentiert wird, was auffällt, nicht der Norm entspricht. Natürlich lenkt insbesondere hier, schier pro Block einmal, Starbucks mit einfältiger Vielfalt den Geschmack der Masse. In New York duftet es ebenso nach überlasteter Infrastruktur wie in Athen. Seelenlose Touristenquartiere

hat es genauso wie in Luzern. Und in Gastrobetrieben arbeiten unglaublich viele Leute – vermutlich in ihrem Zweit- oder Drittjob – für einen Hungerlohn, und überall hat es Zuständige, wie ich sie im russischen Vladimir anlässlich eines Hochzeitfests das letzte Mal gesehen habe. Der Doorman im Hochhaus, wo wir die Wohnung einer alten Schulkollegin nutzen dürfen, ist eine ganze Crew. Allesamt leben sie auch vom Trinkgeld. Armut und Wohlstand existieren derart offensichtlich nebeneinander, dass es uns Schweizern das Herz zerreisst; wir kehren das lieber unter den Teppich.
Ich bin froh, lebe ich nicht nur eine Woche in dieser Metropole, habe ich die Zeit, auch die feinen Seiten zu entdecken, jene Flecken, welche die Stadt lebenswert machen, Schattierungen, die auch Kleinstädte so liebenswert machen.

Manhattan, 2009 (aus Ges(t)ammelte Werke, überarbeitet)

Vorstellungskraft

Es ist unangenehm, dieses Gefühl, das einen überfällt, wenn man beim Aufenthalt in einer unschweizerisch grossen Stadt mit Quartieren, die um ein Zehnfaches bemenschter sind als der Kanton Solothurn, wenn man nach langem Marsch durch Touristinnen, Bettler und Gauner, wobei nicht klar ist, wer was will und was wer ist, wenn man im Café plötzlich feststellt: Das Portemonnaie ist weg! Still keimt der hoffnungsvolle Zweifel zwischen «geklaut» und «liegen gelassen», steigert sich ins Unermessliche auf dem Weg zurück durch Viertel, wo täglich ein Laden schliesst und wöchentlich ein Restaurant verschwindet, weil die Finanzkrise derart brutal zugeschlagen hat und es weiterhin tut, während in der Schweiz die Christliche Volkspartei darüber plaudert, welche Jobs für Studierende oder Studierte zumutbar sein sollen? Je nach Tageszeit ist dieser Weg ein Spiessrutenlauf zwischen Pappbechern (morgens) oder Natels (Rest des Tages). Zu später Stunde hingegen sind es die schlafenden Stadtstreicher, die sich ihre Ruhe auch nicht von Ratten und Kakerlaken nehmen lassen. Der Hindernislauf hat für uns ein Ende, seit meine Frau und ich mit dem Velo zur Schule fahren. Dafür wehren wir uns auf der Brooklyn Bridge lauthals gegen Passantinnen und Spaziergänger auf dem Fahrradstreifen. Hiesige Radler haben deshalb eine Trillerpfeife im Mundwinkel. Das Supersicherheitskettenschloss werfe ich mir für die Fahrt über die Schulter. Das beschert mir von radelnden und joggenden Heimischen anerkennende Blicke. Nur Freaks fahren hier Velo. Dafür sehen sie mehr. Wir kennen inzwischen Seiten der Stadt, von denen viele New Yorker nichts wissen. Nicht nur hier lebende Schweizer, 25 000 sind es offiziell. Jedoch hausen sie nicht in Brooklyn Sunset Park, wo wir aktuell leben und auffallen, weil wir weder Asiaten noch Hispanics sind, wo auf der

Strasse lebendige Fische, Schildkröten, Krebse und Kröten für den Topf angeboten werden. Wo wir rund um die Uhr beim Araber einkaufen können. Der Schulweg führt uns durch halb Brooklyn, auch durch Trendquartiere mit Studentenbeizen in Häusern, die bald nicht mehr bezahlbar sein werden, weil mit den Künstlern auch die Spekulanten kommen, nur damit in ein paar Jahren womöglich eine nächste neue oder die anhaltende alte Krise wieder alles leer fegen wird. Die Schule ist im Empire State Building, wo 21 000 Menschen arbeiten! Stellt euch vor, am Jurasüdfuss stünden anstatt der hübschen Kleinstädte sieben Wolkenkratzer. Sonst nix. Das wäre dezentrales, verdichtetes Wohnen. Oder so. Vielleicht müsste man die sieben Wolkenkratzer zentral denken. Auch das kann New York sein: Vorstellungskraft.

Brooklyn, 2009 (aus Ges(t)ammelte Werke, überarbeitet)

Das Portemonnaie, übrigens, lag daheim auf dem Esstisch, derzeit in Manhattan.

China in Brooklyn

Wir planten, uns mit einem Essen gleich um die Ecke aus unserem Quartier in New York zu verabschieden, aus der Stadt, wo zwischen der Ausgangsmeile der New Yorkerinnen und derjenigen der Touristen Bettler ihr Dinner direkt aus Abfallcontainern zu sich nehmen. Einfach ist das nicht! Einen Ort zu finden, wo das Personal mehr als nur die Quartiersprache beherrscht. In unserem Fall Chinesisch. Beim ersten Versuch schickten sie uns mit einem gebrochenen «go down the street» wieder weg. Ob sie im zweiten Restaurant wirklich mehr Englisch verstanden, bezweifelten wir.

Den Abend versüssen wollten wir uns mit Glace vom Eiswagen, der stets mit derselben Kindermelodie via Lautsprecher durch die Strassen kurvt. Also marschierten wir lauschend los. Nur, was uns drei Wochen lang in Brooklyn berieselte, schien uns jetzt im Stich zu lassen. – Nein, einen Block weiter hörten wir es, zwar nicht «unser» Gedudel. Egal, Hauptsache Gedudel. Wir also der Sirenenmelodie entgegen und sie uns, bis sie ganz an uns vorbeirauschte auf dem Weg zum nächsten Standplatz. Pech. Kein Eis in der schnellsten Stadt der Welt. Schnell, sofern du die Zeit dazu hast. Zum Beispiel der Ausflug zum Wallmart, wo wir für Freunde eine CD kaufen wollten, die nur dort erhältlich ist. Es war eine zweistündige Reise mit Subway und Bus in ein trostloses Reich unterschiedlichster Konsumtempel. Man nehme charakterlose Orte wie die Einkaufszentren Gäupark und A1, multipliziere sie mit dem Faktor zehn, und man steht in dieser einkaufsparadiesischen Hölle in Queens, quasi am Abgrund New Yorks. Auch hier nicht ohne gewaltige Spuren dieser stillen Krise dank billiger Gier nach mehr für immer weniger. Ursache und Folge endlich vereint. Rein, CDs schnappen, raus, zurück in den Bus, wo wir einmal mehr auffielen, nun als zwei weisse Tupfer unter Schwarzamerikanern. Eine Metrofahrt danach spazierten wir durchs West Village auf Manhattan. Auch hier auffallend auffällig, jetzt, weil wir an der Bezugslimite der Kreditkarte scheitern würden. In dieser Stadt mit Friedhöfen so gross wie das ehemalige Industriegelände Olten SüdWest und einer beeindruckenden neuen Parkanlage anstelle des Hafens hat man oft irgendwie das Gefühl, aus dem Rahmen zu fallen. Nur bemerkt es niemand. Vielleicht sind deshalb die Möglichkeiten ohne Grenzen. Unbegrenzt auch, weil viele andere verzichten müssen. Der Wasserverkäufer auf der Brooklyn Bridge beispielsweise. Oder der Eismann.

Apropos Eis: Nachdem wir den Glacewagen definitiv aus den Ohren verloren hatten, gaben wir nicht auf und erlauschten uns irgendwann «unsere» Dudelei. Was haben wir diese Nach(t)speise verdient, dachten wir und denken jetzt, hier im Norden, in Maine haben wir zwar viel weniger von all dem vielen in Geld Aufzuwiegenden, dafür gibt's Wasservögel, die röhren wie rostige Fahnenmasten. Nachts. Oder waren es Frösche?

Baxter State Park, 2009
(aus Ges(t)ammelte Werke, überarbeitet)

Lustige Tierwelt

Seit rund drei Wochen sind wir fern von jenem New York, wo Strassenbau und Abfallentsorgung nachts oder höchstens sonntags stattfinden, weil nur dann der Verkehr kaum behindert wird. Oder behindert. Ruhetage sind in diesem Schmelztiegel der Kulturen branchenabhängig. Diverse Branchen liegen in den Händen bestimmter Volksgruppen, und es empfiehlt sich, zu wissen, wann diese ihre Feste feiern.

Nun aber bewegen wir uns im Norden zwischen zeitloser Einsamkeit und kapitalen Touristennestern, von kleinen Abenteuern zu oft bescheidener Zivilisation. Eminent unwichtig fühlten wir uns dabei in der schier unwirklichen Wildnis des Baxter State Park. Nichts Elektronisches verbindet mit der Welt. Kein Surfen oder Blättern im Facebook erhöht den Drang nach Anerkennung. Nur wir und Wald. Wir pirschen uns paddelnd an Elche heran und hoffen, es werde endlich Sommer. Apropos Selbstwert: Mir fällt auf, wie wenig aufgemotzte und tiefer gelegte Potenzsymbole sich auf den hiesigen Strassen bewegen. In Maine können sie es sich vielleicht nicht leisten, in New York ist der Verkehr zu dickflüssig. Da fällt nichts auf. Ausser Drehlicht und Sirene von Polizei und Feuerwehr, was mich stets an die Oltner Kilbi mahnt.

Hier im Norden staunen wir über die Tierwelt. Schon mal eine Krähe ein klar artikuliertes «Aya» rufen hören? Beim Biberbeobachten erschütterten übers Wasser laufende Frösche, was wir zu wissen glaubten. Nichts Neues hingegen sind tierisch fahrlässige Zweibeiner, die in Turnschuhen Gipfel erklimmen, und die überdimensionierten Blechkäfer, die sich entlang der Küste auf Mount Desert Island stauen, als wollten sie sich massenhaft paaren. Trotz vorbildlich ausgebautem Gratis-ÖV. In Bar Harbor, der kleinen Inselmetropole, stellte meine Frau fest, so viel

kaufbare Sinnlosigkeit auf derart engem Raum habe sie lange nicht mehr gesehen.
Ganz anders ist es auf Nova Scotia, wo bereits Hütten für Fish 'n' Chips und Gemeindezentren mit Kaffee zu touristischen Ehren kommen. Fast schottische Verhältnisse. Zwangsläufig denke ich, wir sollten uns in den heimatlichen Gefilden weniger auf einzelne Orte konzentrieren denn am Sinn für Gastfreundschaft und Gefühl für Distanzen arbeiten. So wie hundert Jahre für einen Kanadier viel Geschichte sind, sind hundert Meilen für einen Europäer eine grosse Distanz, sagte ein Heimischer beim Besuch eines ehemaligen Gerichts im Nirgendwo. Wie wahr. Jedoch nur, wenn man die Geschichte der First Nation ausradiert und die Schweizer Nochkleinerräumigkeit ausser Acht lässt.

Wreck Cove, 2009 (aus Ges(t)ammelte Werke, überarbeitet)

Kaffeekolumne

Nach einem Monat noch einmal in New York setze ich mich in das Brasil Coffee House in der Absicht, mich lesend über Welt und Geschehen schlauzumachen. Müsste nicht sein, denn auch hier liesse es sich leben, ohne den Rest der Welt für wahr zu nehmen. Keine Rede von der Schweiz. Das real existierende Land der vielen Kleinheiten und virtuellen Geschäfte besteht hier nur dank Federer und UBS. Tja. Ich kann's nicht ändern. Drei Dinge fallen mir im Café sogleich auf. Erstens ist der Espresso ausgesprochen gut. Erstaunlich… da hat jetzt doch glatt einer den Kaffee vergessen, den er soeben bezahlt hat. Derart nötig hätte er ihn. Zweitens ist das Lokal nur angenehm airconditioned. Oft grenzt es an Wahnsinn, wie unterkühlt hier alles ist. Drittens stehen nur zwei Angestellte hinter der Theke. Das ist ausserordentlich dünn. Ich erinnere mich an die Autowaschstrasse in Queens, bestehend aus sechs Jungs, allesamt schwarz wie guter Kaffee. Für sie bleibt der amerikanische Traum realistisch betrachtet vor allem Letzteres. Bedenkt man, woher sie kommen, ist das ein bisschen mehr als nichts. Immerhin. Die Arbeitslosenrate der jugendlichen Afroamerikaner ist nahezu viermal höher als der nationale Schnitt. Mehr als ein Drittel hat keinen Job. Was wollen oder sollen sie da anderes tun, als sich im Park zu treffen? Manhattan bleibt für sie, was es ist. Eine ferne Insel. Deren reiches Kulturangebot kann sich die breite Masse New Yorks ohnehin nicht leisten. Ich möchte mir nicht ausmalen müssen, wie es aussähe, wenn all die kleinen – in unseren Augen sinnlosen – Jobs mittels Filzstrich eines bonuskassierenden Managers wegfallen würden. Die bedienten Tankstellen, wie wir sie im Nordosten angetroffen haben. Oder die menschlichen Verkehrsschilder im Strassenbau anstelle von Ampeln. Jobs für Fremde. Diese klassischen Unterschiede haben wir mit Amerika gemein. Die Einwanderer erledigen die Drecksarbeit. Nur sind in Nordamerika fast alles Neuankömmlinge, seit vierhundert Jahren – nicht nur aus Kaffeeländern. Unser Gedächtnis ist diesbezüglich kürzer. Putzarbeit zum Beispiel ist oft nur Sache der ersten zwei Fremdgenerationen.

Beim zweiten Kaffee komme ich mit dem Marokkaner hinter der Theke ins Gespräch. Das ist es, was ich hier wirklich schätze, die spontanen Unterhaltungen. Kann ich natürlich auch daheim erleben, wann und falls ich möchte. Initiative und Offenheit. Einmal mehr. Es liegt an mir, zwar nicht alles, jedoch weit mehr als nichts. Wer nun behauptet, die Amis seien aber oberflächlicher, überlege sich, wen die Antwort auf «Wie goht's?» wirklich interessiert? Wer sich Zeit nimmt, zuzuhören?

Manhattan, 2009 (aus Ges(t)ammelte Werke, überarbeitet)

Olten

Sechser im Lotto

Einer meiner sehr geschätzten Kunden, ein treuer Veranstalter, ist oft im Orient auf Geschäftsreisen. Nah und fern. Im Herbst 2014 besuchte er Istanbul. Nach getaner Arbeit setzte er sich im europäischen Teil dieser offenbar äusserst faszinierenden Weltstadt im Stadtviertel Sultanahmet in ein hübsches Café. Ganz in seiner Nähe eine, gemäss seinen Worten, hoch attraktive Frau. Sie las. Er trank Tee. Es kam, wie es kommen musste, die Blicke trafen sich. Bald sprach sie ihn an, bemerkte, dass er vermutlich kein Türke sei. Ihre Herkunft: Ostdeutschland.

Er sei aus Solothurn, sagte er, und sie: «Das ist doch in der Nähe von Olten.» Es folgte ein Ja, das vermutlich nicht allen Solothurnern leicht über die Lippen rutscht. Sie erklärte, sie läse die Bücher eines Oltner Autors. Alles klar, denke ich, Otto F. Walter, Franz Hohler, vielleicht Alex Capus, Peter Bichsel oder Pedro Lenz. Er wollte es genauer wissen. Die Antwort: «Rhaban Straumann.» Hoppla. Allseits grosse Überraschung. Wie klein die Welt doch ist. Er kenne diesen Autor persönlich, freute er sich, und sie zückte ein Buch: «Wolken melken». «Wie kommt das?» Wollte er wissen.

Ein langjähriger Bekannter ihrerseits arbeite in der Schweizer Botschaft und beliefere sie mit den bescheidenen (meine Anmerkung) Werken des Oltner Autors mit dem fremd klingenden Vornamen. Sie selbst unterrichte Deutsch an einer Istanbuler Schule und lese mit ihren Zöglingen aktuell dieses Buch. Dem Lesestudium folge eine schriftliche Arbeit. Ha! Kleine Schadenfreude meinerseits. Vor allem aber viel Genuss, denn wie der Veranstalter seinem und meinem Publikum anlässlich einer Lesung mit «Wolken melken» diese Geschichte erzählte, das war mein persönlicher Lotto-Sechser. Danke.

Schlösschen Vorderbleichenberg, 2015

Zweideutig

Olten ist riesig. Nicht, weil die Stadt wieder auf über 18 000 Einwohnerinnen und Einwohner angewachsen ist, nein, Schuld hat der Nebel. Das erfuhr ich nach einem Auftritt an der Zürcher Pfnüselküste. Aber bitte eins ums andere.
Der erste Satz, der mir nach getaner Arbeit entgegenflog, war: «Olten ist für mich Niemandsland.» Aha. Dachte ich. Geht mir ähnlich, und zwar an allen Orten, die ich nicht kenne. Überhaupt, wer kennt einen Ort richtig? Touristisch angepriesene, staatlich subventionierte Bilderbuchbilder ausgenommen. Wer nimmt sich die Zeit, durch Quartiere zu spazieren? Fern vom Zentrum. Ohne da zu leben? Und wieso bloss haben Leute stets den Drang, etwas zu Olten sagen zu müssen? Versteh ich nicht.
Da es mir nicht liegt, in solch einem Moment publikumswirksam in den Ton mit einzustimmen und die Stadt mit Klischees weiter schlecht zu untermauern, tat ich das Gegenteil. «Aber Nebel hat es da», war die Antwort. Wie ermüdend. «Doch, doch! Ein Bekannter von mir ist deshalb aus der Stadt weggezogen. Nach Trimbach.» Bei diesem Argument ein nicht ganz nachvollziehbarer Schritt. Erklärte ich. Die beiden Orte gehören zusammen. Eigentlich. Erneuter Widerspruch: «Doch, doch, Olten hat mehr Nebel!» Ich stand kurz vor der Resignation.
Den Befreiungsschlag lieferte der Gesprächspartner: «Vom Zug aus sieht man es. Zwischen Baregg und Grauholz hat es mehr Nebel.» Oh! So gross ist also Olten? Na dann. Dann hätte ich gerne für diese meine erste echte Grossstadt der Schweiz erstens eine Tageszeitung, die dieser Grösse gerecht wird. Auch mit neuem Besitzer. Zweitens einen Kanton, der das zu würdigen weiss, inklusive Nachbarskantone. Und drittens mehr Oltnerinnen und Oltner, die diese Grösse in sich und nach aussen tragen. Ja, warum eigentlich nicht?

Thalwil, 2015

Freiwillig in Olten

«Olten ist so schön, da kann ich mir nicht vorstellen, dass dort wer freiwillig lebt.» Das darf man sich auf der Zunge zergehen lassen. Langsam. Wie ein gutes Eis aus einer unserer wunderbaren Gelaterias, wo an einem schönen Sonntag die Menschen Schlange stehen. Kein Mensch soll hier freiwillig leben? Ist es zu schön hier? Natürlich ist das Gesagte mit Ironie zu verstehen. Dennoch schien es der Gesprächspartner ernst zu meinen. Werden rund 18 000 Menschen dazu verdonnert, in einer der hiesigen, fabelhaften Bars andere in Olten internierte Menschen zu treffen? Dazu gedrängt, in einem lokalen Restaurant vorzüglich zu essen? Genötigt, in einem wundervollen, kleinen Laden einzukaufen? Ist das reichhaltige Kulturangebot nur in Ketten zu geniessen? Und sind Auswärtige dort mit Fussfesseln anzutreffen? Wie lebt es sich unter Zwang? Das Eingangszitat fiel am Künstlertisch nach einem Auftritt auf dem Gurten für eine Solothurner Firma. Mein Bühnenpartner aus Bern konterte: «In Olten leben immerhin mehr Menschen freiwillig als in Solothurn.» Die Spitze sass, die Satire ist unser Beruf. Der Pfeil schoss dennoch am Ziel vorbei. Der Musiker erwiderte: «In Grenchen auch.» Oha! Wusste nicht, dass auch Grenchner es nötig haben, über die grösste Stadt des Kantons lästig zu lästern. Weil sie anders ist? Urbaner? Weil man sie nicht kennt? Wann hat das je ein Ende? Vermutlich nicht eher denn lokales Jammern nicht mehr ist. Wenn akzeptiert wird, dass unsere Probleme nicht exklusiv sind. Kritik hat Platz. Unbedingt! Olten ist nicht perfekt. Muss es nicht. Was keinesfalls bedeutet, dass es sich nicht noch steigern sollte. Dafür engagieren sich viele Menschen. Freiwillig.

Gurten, 2019

Late Night

Alle lachen. Weiss nicht, weshalb. Wiederhole die Einleitung zum Text. Wieder lachen alle. Sind alles Frauen aus Deutschland. Plus ein Arzt aus Österreich. Gemeinsam lauschen sie mir und meinem Pianisten anlässlich einer Lesung von «Ges(t)ammelte Werke» im Hotel Oceano. Verstehe nicht, weshalb sie alle lachen. Das irritiert. Ich wiederhole ein weiteres Mal, bemerke, dass der Text für die Late Night Show «Nachtfieber» in Olten geschrieben wurde. Das Satire- und Musikformat beginne jeweils um zehn. Alle lachen erneut. Meine Irritation wird greifbar. Endlich ruft eine Frau rettend: «Um zehn ist noch lange nicht late night.» Alles klar. «In Deutschland vielleicht nicht, in der Schweiz ist zehn schon very late», sage ich. Zürcher hätten mir davon abgeraten, erzähle ich. «An einem Donnerstag nach zehn? Vergiss es!», sagten sie mir damals. In Olten hat es funktioniert. Zehn Jahre lang.

Punta del Hidalgo, 2011

Europa II

Gute Nacht, Moschusochse

Begegnungen machen das Leben reich. Unvergesslich zum Beispiel der Moschusochse. Trifft man nicht alle Tage. Obwohl es ihn schon deutlich länger gibt als unsereins, blieb das Tier bescheiden. Der Moschusochse ist eine Geiss mit dem Fussabdruck eines Schafes und kommt aus der Eiszeit. Unser Fussabdruck hingegen ist der eines Ochsen, der mit einem SUV auf einem Flugzeugträger im Persischen Golf Runden dreht und sich dabei von einer Drohne filmen lässt. Letztere hält fest, wie wir die letzte Kurve, obwohl geschnitten, zu schnell nehmen und über Bord gehen. Einige Stunden später stürzt die Drohne auf einer Erdölplattform ab. Den Rest können Sie sich denken. Nachhaltigkeit im Gusto westlicher Zivilisation. Ein tierisch menschlicher Einstieg, um eine tierische Begegnung zu beschreiben. Pardon.

Es gibt sie, die Moschusochsen, unter anderem in Sibirien, Kanada und Grönland. Noch. Wie bei viel Getier, deren Existenz von Kälte, Schnee und Eis abhängig ist, bestimmt das Klima dem Leben seinen Wandel. Kann uns egal sein, glauben viele, weil da die Abhängigkeiten als Zusammenhang oft nicht offensichtlich genug sind. Drum tut gut, dass man nicht zwingend in die Arktis fliegen muss, um vielleicht ein zotteliges Urzeitwesen zu erleben. Norwegen reicht. Ist mit Zug, Schiff und Privatgefährt erreichbar. Das Land baut nicht nur auf Reichtum dank Öl, es ist auch reich an Leere und Nichts. Solch ein Nichts ist der Dovrefjell-Sunndalsfjella-Nationalpark. Früher militärisches Sperrgebiet, heute Heimat der Mitte des letzten Jahrhunderts erfolgreich wieder angesiedelten Moschusochsen. Auf der Suche nach diesem faszinierenden Tier, das ausschaut wie ein Wisent – nur kleiner, haariger und mit noch härterem Schädel, quasi seine trollhaften Geschwister – radeln wir über die Passstrasse der Parkgrenze entlang. Wir sind auf dem Weg zum Moschusochsenweg. Plötzlich erkennt meine Weggefährtin jenseits der Bahnlinie im Park abseits vom Weg eine Gruppe Menschen, die was entdeckt zu haben schien. «Moschusochsen», sagt sie. Ich sehe nichts. Wir fahren dennoch zurück und weiter unten in den Park hinein. Noch ist Juni. Ab Juli ist auch mit Velo die Durchfahrt bei der Einfahrt untersagt. Auf der Schotterpiste kurven wir an besagter Gruppe vorbei, welche mit Feldstechern und Kameras mit riesigen Objektiven auf einem Hügel lauert. Beim französischen Paar ein Stück weiter erkundigen wir uns nach dem Tier, das alle gesehen haben wollen. Nur ich nicht. Gleich da vorne sei er, sagen sie, drüben am andern Ufer des Baches.

Ich pedale voran, vorsichtig, mit Blick über den Bach, und sehe nichts ausser viel Grün und zauberhaft schönes Moos, das Futter der Rentiere. Mich dünkt, wir hätten ihn schon längst sehen sollen, den mächtigen Stirnwaffenträger, wie der Schafsochse auch genannt wird, doch ich sehe nichts. Da höre ich hinter mir: «Ich sehe ihn.» «Wo?» Ich sehe nichts. «Hinter uns.» Endlich, denke ich, drehe mich um und sehe den Moschusochsen, wie ich ihn nicht sehen sollte. Sehe ihn dort, wo ich ihn nicht sehen wollte, nämlich diesseits des Baches, sehe ein, das war dumm, 200 Meter sollte die Distanz mindestens betragen, das sind keine 100, auch keine grosszügigen 50 Meter, sehe, da fehlt eindeutig eine zweite Null hinter der Zwei, sehe, wie er aufsteht, sehe, wie er die Nüstern bläht, sehe, dass er die Augen aufsperrt, wie Rotkäppchens Grossmutter, als sie bereits nichts mehr sah, weil da schon der Wolf sie imitierte, höre ihn schnauben, den Ochsen, und denke, wir sollten weg, sollten schlicht nicht hier sein, denn sein nächster Schritt wird sein, was auch Donald Trump tut, wenn er in der Defensive ist. Er wirbelt Staub und plustert sich auf,

macht viel Lärm und versucht, mächtiger zu wirken, als er ist, kurz, er droht. Trump hat Waffen, Knöpfe und Twitter, dieser Ochse hier hat Kraft. Und er ist schnell. Beginnt er zu rennen – und das wäre die Konsequenz nach dem erwähnten nächsten Schritt – ist es zu spät. Stösst er dich um oder gar weg, hilft auch kein Stossgebet mehr. Also machen wir zügig auf Rückzug hinter die nächste, zum Glück sehr nahe Anhöhe, wo er uns nicht mehr sieht und hoffentlich auch einsieht, dass das mit der Bedrohung unsererseits eine Fehleinschätzung seinerseits war, aber so reagieren sie halt, die Bullen, unüberlegt, aber effektiv. Im Gegensatz zu Trump beruhigt er sich und frisst Gras.

Ein zweiter Versuch der Annäherung geschieht in weitem Bogen via Sumpf und Büsche, von wo wir ihn mit distanziertem Genuss beobachten, gleichzeitig eine Gruppe entdecken, die sich ihm auf derselben Strasse wie wir zuvor nähert, weshalb ich mit grossen Gesten auf das noch grössere Tier aufmerksam mache, worauf die Gruppe vom Weg weg und ein Dutzend Meter vor mir im schönsten Moos in die Hocke geht. Etwas undankbar finde ich, schliesse mich deshalb unauffällig wie Mensch kann («hejhej») der Gruppe an, um ihrem Guide lauschen zu können. Er spricht unter anderem davon, dass die Tiere nie das Problem seien, sondern stets der Mensch. Wie wahr. Das steht auch auf den Informationstafeln zum Park, das mit dem gebührenden Abstand zum Beispiel. Bei Unfällen sei man zudem selbst schuld. Gut so. Weil Zusammenhänge und so. Alles klar. Wir begreifen und handeln danach, weil so doof ist Mensch nicht. Nee. Bestimmt nicht. Das kann der Mensch. – Kann er nicht. Nicht zwingend. Womit die Verbindung zu Donald Trump wieder geschaffen ist (wie subtil!), weil er das mit den Zusammenhängen oft schlichtweg nicht schafft. Er und auch der Mensch an und für sich. Das Selfie zum Beispiel. Banal und entlarvend, weil beliebte

Todesursache. Schliesslich sollte der Zug unbedingt mit aufs Bild. Oder die entsicherte Handgranate. Der Wasserfall. Der Abhang. Der Bär. Letzterer schlug zu. Musste in der Folge vermutlich geschossen werden, weil dem Menschen zu nahe gekommen. Was nicht stimmt. Der Mensch kam ihm zu nahe, weshalb der Bär getötet werden musste, weil er dem Menschen zu nahe kam. Wie inkonsequent ist das denn?! Das Tier töten, weil es Menschen gibt, die das heikle Spiel von Nähe und Distanz nicht in den Griff bekommen. Ist wie geben und nehmen. Auch schwierig. Ob Mensch wirklich braucht, was er sich nimmt? Weiss er, was er sich da während eines Lebens so alles nimmt? Den Moschusochsen zum Beispiel? Die armen Tiere können nicht schwitzen. War nie nötig, da kalt genug, die Arktis. Heute besteht die Gefahr, dass sie sich erkälten, weil es zu warm ist. Ihr Fell schützt sie vor Regen nicht, weil es Haare sind. Ihnen haben wir den Lebensraum nicht genommen, nicht grundsätzlich. Nur die Lebensgrundlage. Die Kälte. Arktisch wird seine Bedeutung verlieren. Die Sprache wird sich den neuen Gegebenheiten bestimmt anpassen können. Na dann, schlaf wohl, lieber Moschusochse.

Hjerkinn, 2019

Und täglich grüsst der Kuckuck

Schon als Bub kannte ich den Kuckuck, vermutlich wie alle andern Kinder auch, jedes Kind wusste damals, wie er klang, der Ruf des Kuckucks, wie er ruft, der Kuckuck, gesungen haben wir das Lied, rauf und runter, erst, weil singen schön war, dann auch, weil das Lied schön war, und schliesslich, weil man es konnte, Lied und Text, so schön einprägsam war das, obwohl der Text italienisch, aber schön klang es, und schliesslich sind wir in der Schweiz viersprachig, ja, das sind wir, obwohl wir einander nicht verstehen, nicht nur mental, nein, denn wer beherrscht schon zwei Landessprachen fliessend, geschweige denn vier. Damals wie heute eigentlich eine Lüge, das mit der Viersprachigkeit, zum Kuckuck noch mal! Ja, den Vogel kannten wir und wussten auch, was Kuckucksei bedeutet, wie hinterlistig und perfide der Vogel eigentlich ist mit seiner Überlebensstrategie. Ja, das alles wussten wir, ohne jemals einen Kuckuck rufen gehört und geschweige denn gesehen zu haben. Ich zumindest nicht, kann mich nicht erinnern, nein, ich musste erwachsen werden, um einen Kuckuck zu hören, fast 40, um konkret zu sein, in Nordirland war das. Wir mit Fahrrad und Zelt unterwegs, dort, wo sie einander der Religion wegen die Köpfe einschlugen, wie wir das auch taten, also die Schweizer, die Iren aus Nordirland aber taten es anders und vor allem viel später noch, bis heute, um genau zu sein, und eigentlich geht es nicht um Religion, eher um Besetzungsmacht und Ausbeutung, alte Geschichten halt, aber eben, weil es alte, ungerechte Geschichten sind, die man gerne vergisst, lieber nicht aufarbeiten tut, erhält das Konfliktpotenzial Sprengkraft. Aber davon wollte ich nicht schreiben, sondern von ihm und wie ich ihn das erste Mal vernahm, den Ruf. Schön war das, berührend, plötzlich war ich wieder der kleine Bube, der das schöne italienische Lied sang, ohne wirklich zu

verstehen, was ich da sang. L' inverno è passato, / l' Aprile non c'è più, / è ritornato il Maggio / al canto del cucù. / Cucù, cucù / l' Aprile non c'è più, / è ritornato il Maggio / al canto del cucù.

Und jetzt, im Juni in Norwegen, hörten wir ihn täglich, den Kuckuck, im Zelt, beim Wandern, auf dem Fahrrad, ob in Bergtundra oder am Meer, in Fjorden oder im Wald, überall der Kuckuck, täglich grüsste er, natürlich nicht auf Italienisch rief er uns in unseren Kayaks zu. Bestimmt galt der Ruf nicht uns, aber so klang es, so will es das Erlebnis, nur ganz am Schluss, nach vier Tagen auf dem Wasser, zwischen hohen Felswänden und abends auf irgendeiner gottverlassenen Alm zwischen Fels, Wald und Wasser, nach vier Tagen viel Natur, Luft und Ruhe, ausser wenn grad ein Kreuzfahrtschiff im Fjord an uns vorbeikreuzte, ja da ganz am Schluss, da hörten wir ihn nicht mehr, den Kuckuck. Weil es in dem einen Fjord schlicht zu laut war. Im Fjord mit dem Weltkulturerbe-Siegel stank es bestialisch zum beschränkten, da Wolken verhangenen Himmel. Weil drei Kreuzfahrtschiffe den weltberühmten Geirangerfjord blockierten, und weil Juni war, waren es nur drei Kreuzfahrtschiffe. Plus Satellitenboote, plus Sightseeing-Schiffe, plus Fähre, plus Helikopter, plus Reisecars, plus Privatautos, plus Camper, Weltkulturerbe sei Dank. Im Juli aber, im Juli werden es fünf sein. Täglich fünf schiffende Kleinstädte zu Wasser mit mehr Infrastruktur als die Mehrheit der Schweizer Dörfer, die täglich Tausende von Menschen ins 250-Seelen-Dorf spülen und Dreck in die Luft schleudern. Die Wolken hängen tief und der Rauch der Schiffe bleibt knapp unter Gipfelhöhe stehen und senkt sich langsam wieder ins Tal und aufs Wasser. Wir paddeln hindurch. Endlich Land. Als uns der Kajakführer fragt, ob wir uns noch das Dorf anschauen wollten, sagen wir: «Nein Danke, bitte nur ganz schnell weg.»

Ålesund, 2019

Nachtwache unter der Mitternachtssonne

«Knock, knock.» Sanft weckt uns Bens Stimme. Mitten in der Nacht, mitten im Nichts. Es ist taghell, wir alles andere als hellwach. Das ändert sich, denn für die nächsten anderthalb Stunden liegt das Schicksal eines bunten Dutzends Menschen in unseren Händen. Die anwesende internationale Gemeinschaft setzt sich zusammen aus Oonagh und Paul aus England, Ben und Jessica aus Australien, dem Norweger Terje, Jennifer aus Singapur, Andrea und Branislav mit ihren beiden Jungs aus der Slowakei und uns, dem Schweizer Paar. Uns eint die Tatsache, dass wir alle für Mitte August eine viertägige Kajaktour auf Spitzbergen gebucht haben. Eisbärenwache zu schieben gehört dabei nachts zum Programm. Tagsüber paddeln wir unter deutsch-russischer Leitung in den Fjorden nördlich von Longyearbyen. Hohe Berge, Siedlungsreste und faszinierende Lichtspiele, Ruhe und Weite sind uns treue Begleiter. Es sind die letzten Tage mit Mitternachtssonne, es ist die erste Nacht eines intensiven Naturerlebnisses.

Wir schälen uns aus Schlafsäcken und Zelt und erhalten draussen von Ben und Jessica Feldstecher, Uhr sowie die Einsatzliste für die Nachtwache. Damit wir am Ende unserer Schicht das richtige Paar wecken werden. Sie wünschen uns gute Nacht, wir ihnen tiefen Schlaf, eine verdiente Nachtruhe. Nun heisst es Ausschau halten nach dem König von Spitzbergen. Wir wandern umher, auch um Zeit und Kälte zu überwinden. Unser Blick durchstreift die Landschaft, vor allem zum Nordenskiöldbreen hin, ein riesiger, sogenannt suchender Gletscher. Denn von dort – aus der vermeintlich ewigen Eiskulisse – könnte er kommen. Also suchen wir mit dem Feldstecher am Horizont nach einem sich bewegenden weissen Punkt. Sollten wir was sehen, sind die Guides Katja und Vladimir sofort aufzuwecken. Keine falsche Rücksicht, lautet das Gebot, auch wenn sich der weisse Punkt schliesslich als Rentier entpuppen sollte. Respekt ist die Mutter der Porzellankiste von zerbrechlicher Natur und Wildnis. Die Deutsche und der Russe würden entscheiden, was dann zu tun wäre. Unsere Guides haben beide ein Gewehr und Schreckschusspistolen mit im Gepäck. Ohne bewegt man sich nicht ausserhalb des Hauptortes Longyearbyen. Ein Ort übrigens, wo Sein mehr zählt denn Schein. Ein sympathischer Flecken Erde.

Szenerie und Situation wirken surreal – die raue, wilde Landschaft und die helle Nacht, der Spaziergang um die Zelte herum, mal in weitem Bogen, mal nah. Die Nachtwache sei der einzige Moment, wo man wirklich alleine sei, sagte Katja anlässlich der Einführung zur Gemeinschaftstour. Vermutlich auch, um zu motivieren. Wir geben ihr Recht. Es lässt sich geniessen. Natur und Reduktion pur. Absolute Stille. Einzig ein Schnarchen aus einem der Zelte erinnert uns, dass wir nicht ganz alleine sind. Drum wage ich mich zwischenzeitlich auch mal weiter von der kleinen Zeltstadt weg und zum höchsten Punkt der Moräne hoch. Dabei entdecke ich am andern Ufer des Fjords Rauch. Auch glaube ich, Zelte auszumachen. Hält dort auch wer Nachtwache? Erhalten sie Besuch? Der Blick zurück auf die unsrige Schlafstätte lässt staunen ob der Fülle an Material, das in und auf die Kajaks gepackt werden kann. Sechs Doppelkajaks und je ein Einzelkajak für die Guides. «Das Gewicht spielt keine Rolle», erklärte Katja bei der Packrunde, «das Problem ist der beschränkte Platz.» Da ist kein Beiboot, welches weiteres Material transportieren könnte oder notfalls wen auflesen würde. Wir sind auf uns gestellt, die Gruppe zählt. Auch bei tagheller Nacht. Nach uns halten Oonagh und Paul die Augen offen.

Die erste Nacht bleibt unspektakulär, weder Rentier noch Eisbär lassen sich blicken. Gut. Wer will schon erleben, wie es wäre, wenn man den Zeltplatz fluchtartig verlassen und die Boote besteigen müsste? Einen Eisbären zu entdecken scheint letztlich eine Frage des Glücks zu sein. Unser Glück haben wir vielleicht bereits ausgeschöpft. Das dachte ich jedenfalls auf der mehrstündigen Schifffahrt zum Ausgangspunkt unserer viertägigen Paddelfahrt am Morgen zuvor. Lange bevor wir abgesetzt wurden, erklang vom Oberdeck des kleinen Passagierschiffs plötzlich der Ruf: «Polar bear!» Ferngläser und Kameras wurden gezückt und alles blickte in Richtung der verstreuten Wochenendhäuser an der Küste einige Kilometer vom Hauptort entfernt. Hätten nicht alle betont, dass der weisse Fleck «da neben der Hütte» tatsächlich ein Eisbär sei, wäre es für mich schlicht nicht mehr als ein weisser Punkt geblieben. Das war's dann wohl, dachte ich, man sollte das Glück nicht zu sehr herausfordern und auf mehr hoffen.

Nach ruhiger Nacht und gemeinsamem Frühstück wird das Lager abgebrochen. Zelte, Schlafsäcke, Isoliermatten, Kleider und Lebensmittel, alles wird wieder in wasserdichte Packsäcke gestopft und schliesslich in den Kajaks verstaut. Einschränkung bewährt sich. Ersatzkleider nur für den Fall, dass unerwartet ein Boot kentern sollte. Dass alle Teilnehmenden für das tags zuvor gefasste Material selber verantwortlich sind, das müssen Einzelne noch lernen. Das lässt sich anhand der liegen gebliebenen Benzinkocher und weiteren Utensilien unschwer erkennen. Übrigens auch benutztes Toilettenpapier wird verbrannt. Spuren dürfen keine zurückbleiben. Ein Credo, das man sich Daheim auch vermehrt zu Herzen nehmen könnte. Zudem ist es verboten, Reste aus Zeiten des Bergbaus und von ehemaligen Siedlungen mitzunehmen, und sei es nur ein Stück Schwemmholz, das Spuren der Zivilisation aufweist.

Holz, wo Mensch Hand angelegt hat, lautet die Regel. Selbst als Brennholz darf es nicht genutzt werden, es gilt als historisches Erbe und ist somit geschützt. Der ganze Archipel ist ein riesiges Freilichtmuseum.
Wir paddeln weiter, in den Fjord hinein zum Gletscher hin. Immer wieder hören wir es in der Ferne knacken und krachen. Der Gletscher kalbt. Sehen davon können wir nichts, das Ereignis bleibt ein Hörspiel. Bei der ersten Pause fordern uns Katja und Vladimir auf, die Distanz zum Nordenskiöldbreen hin zu schätzen. Wir unterschätzen sie allesamt. Deutlich. Folglich ist der Gletscher noch grösser, als wir bis anhin dachten. Der Eisbär hingegen ist näher, als wir zu hoffen wagten. Denn kaum sitzt die Gruppe wieder in den Kajaks, ist er da. Beinahe wären wir an ihm vorbeigepaddelt. Unverhofft entdeckt ihn wer zwischen den Felsen am Fusse einer Gletschermoräne, einen Vogel verspeisend. Ein stummes Raunen geht durch die Gruppe. Unglaubliches Glück. So unfassbar nah ist er. Der ganze Kajaktrupp staunt und schweigt, derart gross ist die Ehrfurcht vor dem prächtigen Tier, vor diesem Moment. Schier vergesse ich den Fotoapparat zu zücken. Glücklicherweise sitzen wir im Kajak. Klar kann der Bär auch schwimmen. Wir aber, wir paddeln schneller. Hoffen wir insgeheim. Sollte bis anhin irgendwer am Sinn der Nachtwache gezweifelt haben – jetzt tut es niemand mehr.

Dass Eisbären sehr gut schwimmen können, dürfen wir später beobachten. Denn Katja erspäht bald darauf auf der Gletscherzunge ein weiteres mächtiges Exemplar. Vorsichtig paddeln wir ihm entgegen. Der weisse Meister Petz fühlt sich dennoch in seiner Ruhe gestört und steigt vom Gletscher in die eiskalte See. Mit faszinierender Leichtigkeit schwimmt er dem Ufer entlang. Für uns heisst es nun, Abstand zu gewinnen. Während die Gruppe in der Folge zwischen grossen Eisschollen und kleineren Eisbergen hindurch gleitet, kriecht uns allen die Kälte des Gletschers durch Kleidung und Haut auf die Knochen. Schicht um Schicht. Auf dem Felsen, wo Mittagsrast angesagt ist, wird's kaum besser. Der Anblick des dritten Eisbären (oder ist es derselbe wie zuvor?) kann kaum jemand mehr richtig geniessen – zu durchkühlt sind wir. Es bewahrheitet sich die Empfehlung der Guides: Warmes und genug Essen ist immens wichtig, Kälte und Körperarbeit fordern ihren Tribut. Restlos alle sind froh, dass das Mittagessen schnell zubereitet ist. In Eigenverantwortung. Alle hatten wir genug, vom Veranstalter zur Verfügung gestellte, dehydrierte Menüs für vier Tage (plus Reserve, sollte das Wetter die Tour um einen Tag verlängern) einzupacken und morgens heisses Wasser in unsere Thermoskannen abzufüllen. Da sind viele Vorzüge in der Trekkingnahrung mitverpackt: wenig Gewicht, kaum Platzanspruch, schnelle Zubereitung, grosse Wirkung. Deutlich mehr Zeit beanspruchen jeweils Frühstück und Abendessen. Deftiges Porridge hier und schöne Abwechslung da. Beides von den Guides vor- und zubereitet. Die von Vladimir bereits zu Hause gebratenen Fleischbällchen waren nicht die einzige schöne kulinarische Überraschung. Inzwischen kommt das Nass auch von oben. Dieser Umstand, Kälte und Nässe, ist womöglich der Grund, weshalb wir an diesem Tag deutlich weiter paddeln als geplant. Die Kälte spornt uns an, im Kajak ist uns der Regen egal und allem voran wärmt die Bewegung uns auf. Wir landen abends in der russischen Minenstadt Pyramiden, ein weiteres Kuriosum unserer Tour durch eine zeitlose Landschaft mit junger Geschichte.

Bald wandern wir durch Regen und skurrile Industrieruinen zu unserem Zeltplatz. Die Zelte werden zwischen brachliegendem Flugplatz und ehemaligem Viehstall aufgestellt. Gemäss Spuren ist der Flecken auch eine grosszügig angelegte Freilufttoilette für den Polarfuchs. Nicht nur angenehm, aber lässt zumindest hoffen, während der Nachtwache vielleicht auch ein Exemplar zu erblicken. Vor der Bärenwache gönnt sich fast die ganze Gruppe – schliesslich muss jemand Wache halten – einen Besuch in der Hotelbar im letzten noch bewohnbaren respektive beheizten Gebäude der ehemaligen Minenstadt, dankbar, einmal etwas anderes als Kaffee, Tee oder Schokolade geniessen zu können. Die Bar lässt vergessen, wo wir sind. Der Dekoration wegen. Sowjet-Nostalgie pur – mit pathetischen Bildern, Kitsch, Hammer und Sichel. Zur allgemeinen Überraschung wird Vladimir vom Personal aufs Herzlichste begrüsst. Wir erfahren, dass er in Pyramiden seine erste Anstellung auf Spitzbergen fand. Ein Glücksfall zu unseren Gunsten. Nach einer kalten und ruhigen Nacht, ohne Polarfuchs und anderem Getier, kommen wir in den Genuss einer ausgedehnten Privatführung durch diesen wahrhaftig seltsamen Ort, ein packend düsterer Zeitzeuge.

Einst fanden hier tausend Menschen Arbeit, jetzt ein gutes Dutzend, kaum eine Handvoll im Winter. Damals für die Mine, heute für den Tourismus sowie den Rückbau einzelner Anlagen. Etliche Gebäude stehen noch, denn lange ist es nicht her seit dem Exodus aus der Stadt. Die Kohlemine wurde – obwohl bis kurz zuvor gross in die Siedlung investiert wurde – Ende der 1990er-Jahre geschlossen und mit ihr der Rest. Auch das Tollhaus. So nannten die Menschen hier den Wohnblock, wo die Familien lebten. Eigentlich hätte das abbruchreife Wohnhaus in der Folge abgerissen werden sollen, was auf Geheiss der norwegischen Regierung jedoch nicht geschah. Mehr noch, sie stellten das Gebäude unter Schutz, weil in den kurzen Sommern Hunderte Seevögel in den Fensternischen brüten. Jedes einzelne Fensterbrett ist mit einem, und wo zusätzlich eine kleine Holzkiste in der Nische steht mit zwei Nestern belegt. Die Kisten waren einst die Kühlschränke für die Familien, denn in den Räumen gab es keine. Das Tollhaus trägt seinen Übernamen heute zu Recht. Ein bisschen Rückeroberung der Natur. Als Zeichen der Bezwingung der Natur war die Siedlung einst gedacht, damals, als die Sowjetunion den Schweden die Mine abgekauft hatte. Ein Statement sollte es sein, nämlich, dass der inzwischen nicht mehr existierende Staatenbund selbst im unwirtlichsten Nichts eine Stadt erbauen kann. Das taten sie – mit allem Drum und Dran. Hallenbad, Turnhalle und Sportplatz, Kino, Theater und Bibliothek, Tanzstudio und Fitnessraum, Spital und Gewächshaus, Grünflächen und ein Boulevard, kurz, eine stolze Kleinstadt wurde auf den frostigen Boden gestampft. Entsprechendes Baumaterial, Erde für die Grünflächen und Saatgut wurde herangeschifft. Das Ziel war Selbstversorgung. Beeindruckend. Rentiert hat es nie. Zu widrig die Umstände, zu teuer im Unterhalt, zu extrem die Verhältnisse.

Heute ist der Ort ein gewaltiger Zeuge einer global wild konsumierenden Gesellschaft. Ebenso Barentsburg, die Siedlung mit einer noch aktiven russischen Kohlemine auf Spitzbergen. Ebenso unrentabel. Ebenfalls ein Statement, nur in anderer Hinsicht. Es gehe um Präsenz, sagt Katja. Den dort angestellten ukrainischen Arbeitern sei es verboten, eine Waffe zu besitzen. Das kommt auf Spitzbergen quasi einem Hausarrest gleich. Eisbären scheren sich keinen Deut um politische Fehden. Gerüchten zufolge ist kürzlich der einzige Arzt aus Barentsburg geflohen, mit Hilfe aus Longyearbyen. Kein Wunder ist von Spannungen zwischen den beiden Orten die Rede. Zu Risiken und Nebenwirkungen politischer Konflikte fragen Sie Ihren Arzt oder Apotheker.

Fotografien im Kulturhaus, Bilder von angereisten Sängerinnen und Schauspielern, herumliegende Filmrollen,

Musikinstrumente, diverse Turngeräte und vereinzelte Bücher in grosszügigen Bauten erzählen Geschichten einer Phase voller Leben in Pyramiden. In der ehemals gut bestückten Bibliothek findet sich eine Handvoll Bücher. Den grossen Rest hätten Besucherinnen und Touristen mitlaufen lassen, erzählt Vladimir. Überhaupt müsse man feststellen, dass alles, was nicht festgebunden oder angeschraubt sei, als potenzielles Souvenir gelte.
Im Anschluss an den Rundgang lädt uns ein Bekannter Vladimirs mit Bus auf eine Sightseeing-Tour ein. Eine kurze, holprige Fahrt führt uns aus der Siedlung raus zum riesigen Wasserreservoir hoch. Neben der ausgeklügelten Technik, welche der Geisterstadt durchs Jahr hindurch trotz Eiseskälte Wasser garantiert, fasziniert insbesondere die Aussicht über Pyramiden und die Bucht hinweg. Ein letztes Mal erfreuen wir uns am im Hintergrund thronenden Nordenskiöldbreen.
Kurz darauf sitzen wir in den Kajaks und paddeln mit kräftigen Zügen aus der Bucht. Endlich wieder Bewegung. Trotz aller Faszination für Historie geniessen Gruppe und Führung nun Stille und Landschaft mit weniger offensichtlichen Spuren einnehmender Zivilisation. Nach einer vergleichsweise kurzen Etappe gelangen wir in den Fjord, wo das Lager für die dritte Nacht geplant ist. Erstmals sind sich die Guides uneinig. Wo soll gelagert werden? Wo hat es fliessend Wasser? Sprich, einen Bach. Wir landen mit einem Anflug von Wehmut – es ist die letzte Nacht. Als Trostpreis winken weidende Rentiere als dezente Nachbarn.

Tag vier ist der erste mit Gegenwind. Er empfängt uns, sobald wir die Bucht hinter uns lassen. Ziel ist eine Hütte, in der zu Zeiten des Minenbooms unter nicht ganz geklärten Umständen ein Mann ums Leben kam. Man vermutet eine Bleivergiftung. Das Gruseln lockt. Aufgrund zu unruhiger

See wird die Tour abgebrochen. Für den momentan herrschenden Wellengang sind Doppelkajaks schlicht nicht wendig genug. Zudem ist das Ruder des einen Bootes defekt. Mit dem Wind im Rücken kehren wir in den Fjord vom Vorabend zurück. Dabei schneidet uns ein Expeditionsschiff den Weg ab. Lautes Hornen markiert das Recht des Stärkeren. Endlich an Land – mit Resten einer Gipsmine und hübschem Schiffswrack – geniessen wir die Ruhe und faszinierende Lichtspiele, bevor die Schiffspassagiere in ihren uniformen roten Jacken und Stiefeln den Strand überschwemmen. Ihnen vorausgeschickt wird die Bärenwache. Mit Gewehren gerüstet kontrollieren die Männer den Küstenstreifen, gehen auf Position und geben grünes Licht. Bald darauf geraten nicht nur die Spuren tollkühner Pioniere, sondern auch wir ins Visier unzähliger digitaler Linsen. Derweil warten wir auf die via Satellitentelefon bestellten Boote, welche die Kajaks und unsereins zügig nach Longyearbyen bringen sollen. Zwischenzeitlich gibt es ein Kompliment von den Guides. Obwohl international sehr bunt zusammengewürfelt, wirke die Gruppe überaus homogen, alle seien sportlich ähnlich ehrgeizig unterwegs. Speziell aber freue sie, dass kein Gruppenmitglied darüber gestaunt habe, dass die Kajaktour in einem Kajak stattfinde. Auch das hätten sie schon erlebt. Ich bin froh, dass uns das erspart blieb. Ein wilder Ritt mit den Schnellbooten führt uns schliesslich zurück in die Welt mit Handy-Empfang und Internet, vorbei an den Wochenendhäusern der ständigen Bewohnerinnen und Bewohner Longyearbyens. Dahin ziehen sich Letztere zurück, wenn ihnen der Trubel daheim zu gross wird. Erreichbar sind die Hütten nur übers Wasser – mit dem Kajak in rund einer Stunde – oder zu Fuss. Im Winter natürlich wird's einfacher. Mit dem Skidoo dauert die Fahrt 20 Minuten, sofern das Eis in der Bucht dick genug ist. Der Klimawandel macht den Menschen hier zunehmend einen Strich durch diese Rechnung.

Zurück im grossen Dorf, in Spitzbergens kleiner Hauptstadt, wo auffallend viele junge Guides, und unter ihnen auffallend viele junge Frauen, engagiert sind, werden die zur Verfügung gestellten Trockenanzüge, Neoprenschuhe sowie Handschuhe ausgewaschen, überzählige Lebensmittel zurückgegeben und weiteres Material wie Zelte und Kochutensilien weggeräumt. Ein letzter Tee und es heisst Abschied nehmen.
Bald darauf sitzen wir in unserer Unterkunft, ein Ort, wo sich Outdoor-Freaks, Naturliebhaber, Kreuzfahrtschifffahrer und Sujetjäger treffen. Dazu zählen, zumindest zwischendurch, auch wir, denn wir lassen es uns nicht entgehen, den kleinen Gast hinter dem Gästehaus abzulichten. Endlich ein Polarfuchs.

Longyearbyen, 2016

Geknickter Österreicher

Unglaubliches Gerangel beim Busbahnhof. Das ist Europa, die Leute können sich nicht einreihen. Geht einfach nicht. Sonst wäre alles kein Problem. Müsste ich nicht um einen Platz für die grossen Kartons mit Fahrrad kämpfen. Muss mich wahnsinnig beherrschen. Um nicht handgreiflich zu werden.

Tage zuvor am Myvatn trafen wir einen Österreicher. Hat die Insel durchquert und dabei sein Motorrad in einem Fluss versenkt. Ein geknickter Mann wartet nun auf seine Abreise. Kann sich nicht vorstellen, Island anders zu bereisen. Denkt vielleicht, mit jedem Kilometer, den er fährt, müsse er einen Schritt weniger tun. Seine Reise ist zu Ende. Dafür hat es der Gestrauchelte in die Schlagzeilen geschafft. Isländische Medien berichten gerne über Touristenunfälle, über ihr Scheitern auf unwegsamen Strassen im Landesinnern. Das soll eine abschreckende Wirkung auf die heimischen Wilden haben. Hoffen sie. Erzählt uns ein Schweizer Reiseführer in Reykjavik.

Island ist international: Die Menschen hier fahren die Autos der Amerikaner, fahren sie ohne Stil wie die Franzosen und lassen den Motor laufen wie die Italienerinnen. Und neuerdings auch die Schweizer. Auch haben sie guten Kaffee wie unsere südlichen Nachbarn. Zu helvetischen Preisen. Haben Feta wie die Griechinnen und sind fett wie die Engländer. Oder waren das die Kanadier? Ein zivilisiertes Volk auf jeden Fall. Sie sagen beim Überholen Danke, wie die Iren das tun. Oder taten. Sprich, zweimal Warnblinker aufleuchten lassen. Will heissen: Danke. Das taten sie in Irland auch, als es da unten noch keine Autobahnen gab. Ist noch nicht so lange her. Auch tun sie es noch dort, wo teuer ausgebaute Strassen noch rar sind. Seltsam: Je besser die Infrastruktur, desto undankbarer der Mensch. Irgendwie. Eine Vermutung, die – sobald in der Schweiz

bei einer zweiminütigen Zugsverspätung das grosse Jammern und stille Seufzen ausbricht – eine triste Gültigkeit erfährt.
Der Wind war unser Freund. Stets blies er aus der richtigen Richtung. Ausser wir fuhren falsch. Haben irgendwann umgesattelt. Zu viel Mondlandschaft. Doch, schön sind sie, die Ebenen voller Flechten, die endlosen Flussdeltas, die kargen Steinwüsten mit den bizarren Felsformationen wie auf Teneriffa. Alles in allem aber zu viel an monotoner Schönheit für die Langsamkeit des Fahrrads. Nahmen drum zwischendurch den Bus. Auch zum Schutz vor den Arctic Terns. Diese eleganten Vögel brüten rechts und links der Strasse. Und da Velofahrer auf Küstenseeschwalben offenkundig bedrohlicher wirken denn Autos, greifen sie an. Mit einem giftigen Schrei stürzen sie sich gen meinen Kopf, um kurz vor einem möglichen Zusammenstoss abzudrehen. Dank der Busfahrt sahen wir mehr von der Insel. Zum Beispiel Aufforstungsprojekte, wo jeder Baum seinen eigenen Paravent kriegt. Oder arme, geknickte Österreicher.

Reykjavik, 2012

Grosszügigkeit hat einen Namen

«Wir haben geschlossen», eröffnet uns der pensionierte Lehrer in der soeben geöffneten Tür. «Das Bed and Breakfast führen wir schon seit Jahren nicht mehr.» Aber unten an der Strasse stehe ein Schild, rechtfertigen wir unsere Anwesenheit. Ja, das sollten sie schon lange entfernen, meint er und ruft seiner Frau ins Haus hinein zu: «We should remove the sign. Shouldn't we?» Wir sind ziemlich zerknirscht, ausser Atem und vor allem verschwitzt, weil unsere Fahrräder mit Gepäck für 14 Tage beladen sind, und unten an der Strasse bedeutet weit unten. Quasi Meereshöhe. «Unsere Nachbarin führt auch ein Bed and Breakfast», ermutigt uns der freundliche Pensionär. «Runter zur Strasse, rechts und sogleich wieder den Hang hoch», lautet die Wegbeschreibung. Er sieht uns die nächste Frage an und bittet seine Frau, bei der Nachbarin anzurufen, um zu klären, ob sie noch ein Zimmer frei habe. Derweil offeriert er uns Tee und Gebäck. Nordirische Gastfreundschaft. Es folgt ein überaus spannendes Gespräch über Irlands Immobilienkrise, leer stehende, im Nichts neu gebaute Siedlungen, Konkurse und Hoffnungen, Hochmut und Irrlichter, unterbrochen einzig durch die beruhigende Information, dass die Nachbarin uns erwarte. Noch ahnt man nichts vom Brexit und den Hürden dieses vermeintlichen Befreiungsschlags. Auch hätten wir gerne noch weitergeplaudert, die Gastfreundschaft auf Nacht und Frühstück ausgedehnt, doch manchmal bestimmt der Tee deren zeitlichen Rahmen. Das sollte man nicht überstrapazieren.

Nach einer kurzen Talfahrt und etwas längerem Aufstieg heisst uns die Nachbarin willkommen. Eine ältere Dame mit Besuch. Ihre Schwester. Beide sind sie rüstig und ebenso freundlich wie das Paar von nebenan, jedoch wesentlich zurückhaltender. Dass wir ein wenig enttäuscht sind, lässt sich nicht wegdiskutieren, müssen wir auch nicht, der

Hunger ist schlicht zu gross. Da unser Proviant aufgebraucht oder als Mahlzeit auf dem Campingkocher gedacht ist, bitten wir unsere Gastgeberin um eine Empfehlung für ein Restaurant oder Pub in der Nähe. «Im nächsten Ort gibt es Möglichkeiten», kommt als Antwort, worauf ihre Schwester kopfschüttelnd sagt: «My dear! Bist du verrückt! Die sind mit dem Fahrrad hier. Das ist viel zu weit.» Was mit einem nüchternen «Wenn du es sagst» quittiert wird. Wir sehen unsere Hoffnung in das Zuckertief fallen. «Nun gut, dann nehmen sie meinen Wagen», sagt die Gastgeberin und fragt, ob wir Auto fahren können. Wir trauen unseren Ohren nicht. Staunen und Erleichterung wetteifern um Grösse, als sie uns den Autoschlüssel in die Hand drückt. Die nordirische Küche war vermutlich nie besser als an diesem Abend. Grosszügigkeit und Gastfreundschaft tragen seither einen Namen – nur leider habe ich die Namen der Damen vergessen. Haven't I?

Belfast, 2010

Absturz synchron

Elegant gleiten sie den schroffen Felsen entlang, segeln im Aufwind hoch über die scharfe Kante hinaus und lassen sich auf ein Zeichen fallen. Dabei stürzen sie bis zu einem Dutzend Meter tief, um sich sogleich wieder zu fangen und in die Höhe zu schnellen. Alles schier perfekt synchron. Zwei Paare im faszinierend präzisen Synchronflug. Gleiten, steigen, fallen lassen, in die Tiefe trudeln und wieder hoch segeln. Ein Paar legt sich beim Sturzflug zuweilen für eine kurze Zeit gar auf den Rücken. Beobachten lässt sich derlei packendes Schauspiel knapp nördlich der Mutspitze im Südtirol. Und die, die da vor unseren Augen im Paarflug schweben, sind Kolkraben. Wir sind hin und weg. Ein Schritt und sie wären zum Greifen nahe. Das wäre unser letzter Flug. Muss nicht sein. Ziehen es vor, festen Standes die Flugkünste der Raben zu bestaunen, auch wie sie nach einem kehligen Laut – hier eher ein Rufen, dort ein Klopfen – die Flügel halb schliessen und in der Tiefe unter uns verschwinden. Ob das synchrone Fliegen ihrer Dauerehe genauso dient wie das gegenseitige Kraulen, Füttern oder Gefiederpflegen, weiss ich nicht. Vorstellen könnte ich mir, dass gemeinsame Abenteuer die Beziehung festigen. Mutter Natur bietet einmal mehr überraschenden Zauber. Alles scheint gut. Wären auf dem Weg hoch und runter nicht die weggeworfenen Zigarettenstummel, Taschentücher und PET-Flaschen. Sie erinnern daran, was Mensch auch sein kann. Doof. Oder rücksichtslos. Bestimmt gibt es weitere rätselhafte Gründe für das absonderliche Verhalten, vielfältigen Abfall in der Natur auf einfältige Weise abzusondern. Das zu ergründen, ist mir schlicht zu doof. Es ist ohne Zauber.

Taufenscharte, 2019

USA
Kanada II

Brooklyn in Olten

Da. Eine singende Mama mit Kinderwagen und Kopftuch kommt uns entgegen. Ihr kleiner Schatten ein Kind auf einem Fahrrad, das mit Stützrädern bestückt ist. Dort vor dem Vogelkäfig steht eine Oma. Ihr beharrliches Tun: einen Papageien zum Sprechen zu animieren. «Gogo», ruft sie. Immer wieder: «Gogo.» Hier schlendern zwei junge Paare durch den Park und entdecken dort die Oma. Ihre mutmassliche Herkunft: slawisch. Jetzt grinsen sie. Machen sie sich lustig über die Alte? Wie so oft, wie das da und dort so ist? «Was tun Sie da?», fragen die Jungen die alte Dame. Ob aus Neugier oder aus Belustigung, bleibt hier und jetzt offen. Wir ziehen weiter.

Wir spazieren durch ein augenfällig urbanes Kunterbunt, sei es spielend auf der Matte oder liegend in der Wiese, zwischen und auf den Bäumen, zusammen im Sandkasten, vereinzelt auf den Parkbänken oder beim Federball auf der Pétanque-Bahn. Ich will nicht behaupten, dass in dieser kleinen Stadtoase ein einziges frohes Miteinander der Kulturen herrscht. Ich empfinde es zumindest als ein höchst anregendes Durcheinander. Auch setzt sich das hier beschriebene Parkleben an der Engelbergstrasse in Olten vermutlich nicht ganz so – oder anders – international zusammen wie dasjenige eines Parks an der Flatbush Avenue in Brooklyn. Logisch, die Schweiz ist nicht New York. Und der Oltner Vögeligarten lässt sich mehr schlecht als recht mit einem New Yorker Park vergleichen. Der Unterschied ist zu markant. In Brooklyn erlebten wir im Prospect Park an der Flatbush Avenue ein uns ziemlich fremdes, schön schweizerisch sauber voneinander getrenntes Nebeneinander.

So hat es sich mir eingeprägt. Wie ein Foto aus alten Zeiten, wo ich heute nicht mehr sicher bin: Sind das wirklich Bilder der Erinnerung oder sind es die Bilder, woran ich mich erinnere? Vom Prospect Park habe ich kein Foto. Trotzdem kann ich mich an Bilder erinnern. Das war 2009. Sieht jetzt womöglich anders aus. Denn inzwischen soll Brooklyn ja wahnsinnig hip sein. Es herrscht ein regelrechter Hype auf das Millionenquartier, das wir damals mit dem Fahrrad mehrfach durchquert haben. Das war nicht immer so. Brooklyn war auch mal Synonym für Elend. Ein No-Go. Zu gefährlich. So verrufen, dass sich Taxifahrer weigerten, die Brooklyn Bridge in Richtung Namen gebendes Quartier zu überqueren.

Brooklyn war ein Unwort. So wie für manche Olten ein Unwort ist. Nicht weil gefährlich, sondern weil ... Ja, warum eigentlich? Manchmal glaube ich, weil es hie und da, hier und dort zum guten Ton gehört, Olten schlechtzureden. Weil die Mehrheit der Schweiz Olten kennt, obwohl sie noch nie da war. Die Mehrheit. Vielleicht. Vielleicht auch, weil viele Oltner sich selber nicht als Oltner sehen. Manche Oltnerinnen reden von den Oltnern, als wären es komplett andere Menschen. Fremde Halunken. Vielleicht weil ... Herrgott, ich weiss es nicht. Ich glaube, es ist eine Kopfsache. Keine Glaubensfrage. Die neue Kirchgasse zum Beispiel, dieser grosszügige Platz, diese neu geschaffene und vom Verkehr befreite Zone darf in Beschlag genommen werden. Soll sie auch. Doch weder Glauben, Zweifel noch Kleinkrämerei bringen die Menschen in die Stadt. Natürlich habe ich nicht den Anspruch, dass bald ein Hype ausbrechen soll. Bitte nicht. Die Ladenmieten würden noch teurer werden. Ebenso wünsche ich mir keine Kirchgasse analog zum Prospect Park in Brooklyn. Das wäre mir zu schweizerisch. Zu sehr wie ein Park aus dem Prospekt. Es darf ruhig so sein wie im Vögeligarten. Mit vielen bunten Vögeln, braven und frechen, bekannten und stillen, egal, auf jeden Fall bitte mit ganz viel mehr Willen denn Wollen. Das fände ich hip.

Analog zum Prospect Park erlebten wir übrigens auch das Brooklyn ausserhalb der Parkgrenzen. Auf unseren Streifzügen durch das gigantische Quartier. Hier die Europäer, da die Russen, hier die reichen Juden, da die armen, hier die Schwarzen, dort die Hispanics, jetzt die Araber, dann die Chinesen. Dort waren auch wir, also wir lebten da. Bei den Chinesen. Das war und tat gut. Jetzt aber zieht es uns in die Ferne. So richtig. Wild. Und leer. So sehr, dass es uns echt fremd ist. Noch. Wir reisen ins Yukon Territory in die grosse Einsamkeit. Da werden wir im Nichts auf einer kleinen Farm leben. Die Lynx Track Farm. Hier die Hunde, Lamas und Pferde. Da die Bären und Wölfe. Hier der Selbstversorgergarten, da die Wildnis. Danach ist noch vieles offen, derart, dass es uns fern liegt, an ein Zurück zu denken.

Umso mehr geniessen wir hier und jetzt unser Daheim und versuchen, hie und da mit derselben Neugier, der Offenheit von Reisenden in unserer Stadt unterwegs zu sein. Im Zentrum und durch die Quartiere. Auch im Vögeligarten, wo wir – zurück beim Vogelgehege – erneut die beiden jungen slawischen Paare sehen. Ihr Interesse war offenbar nicht vorgetäuscht. Nix von Belustigung. Die Oma hat offensichtlich ihre Neugier geweckt. Sie versuchen den Graupapagei zum Reden zu bringen. «Gogo», rufen sie. Immer wieder: «Gogo.» Und noch viel mehr. Ganze Sätze schier. Wäre ich der Papagei, ich würde mich köstlich amüsieren.

Olten, 2013 (aus «Wolken melken», überarbeitet)

Dank Mister King

Schön, wie Flughäfen Reisenden den Abschied leicht machen. Perfekt beherrschen sie das in Zürich. Also die bestimmenden Leute vom, im und am Flughafen Zürich in Kloten. Entscheidend ist der Preis. Den bestimmen bestimmt nicht die uniform herausgeputzten Angestellten. Konkret: CHF 5.30 kostete uns im Sommer 2013 ein mässig geniessbarer Espresso. Trotzdem Danke. Das erleichterte uns den Abschied. Ganz anders Vancouver. Für CHF 3.50 erhielten wir zwei wirklich gute doppelte Espressi. Am Flughafen! Welch ein herzliches Willkommen.

Von Ankommen jedoch keine Rede. 24 Stunden nach dem ersten Kaffee in Kanada fahren wir in Whitehorse mit 200 Kilogramm Hundefutter durch den Walmart und danach an brennenden Wäldern vorbei nach Faro, 400 Kilometer nordöstlich der Hauptstadt von Yukon Territory. Wobei, Stadt ist relativ. «I go to town» heisst auf der Farm, wo wir für drei, vier Wochen leben, «ich gehe ins 300-Seelen-Dorf Faro». Auch der Begriff «Hauptstadt» ist relativ: Whitehorse zählt circa 25 000 Menschen. Mickrig, gemessen an richtig wichtigen Hauptstädten, immerhin im Vergleich zu mickrigen Kantonshauptorten, sehr viel verglichen mit den knapp 40 000 der ganzen Provinz.

Faro kam dank einem Bergwerk für Blei zu Geld. Insbesondere Neufundländer kamen und gingen in den Berg. Nachdem sie wegen Überfischung daheim wider persönlichen Erwartens ihren Job verloren hatten. Nun ist die Mine geschlossen und viele «Neufundies» vermutlich wieder weg. Trotzdem erwartet man, dass weiterhin gut Geld fliesst. Abstriche machen? Ne. Nie.

Faro steht still. Es ist ein Nichts im Nichts. Jenseits davon leben wir. Mit Abby, Stormy, Pixie, Rowdy und Dancer, Yasmine, Doug, Caper, Curly, Taku, Aspen und Homer, Minni, Violet, Sugar, Pippin, Austin und Buchweizen. Das sind die Gastgeber, zwei Lamas, drei Pferde und viele Hunde. Ja, Hunde. Obwohl ich bislang behauptet habe, dass ich Hunde nicht mag. Kein Schatten ist gross genug, um nicht drüberspringen zu können. Mein Schatten ist so klein, dass die Hunde in mir Heimatgefühle wecken. Ebenso das schmucke Plumpsklo. Zeltlager sei Dank. Plumpsklo mit einmaligem Sound der Mücken und Fliegen bedeutet nostalgische Erinnerungen an abenteuerliche Momente und intensiv schöne Augenblicke. Erfahrungen durch viel Ehrenamtlichkeit, die uns das Leben hier draussen geniessen lassen.

Die Hunde erinnern mich an Mister King, sprich an ganz feine Menschen im schönsten Flecken Schweiz. Jeden Winter führt mich mein Beruf ins Bündnerland. Auch nach Fuldera, im für schweizerische Verhältnisse sehr entlegenen Val Müstair. Inoffiziell das Kanada der Schweiz. Irgendwie rührend. Veranstalter und Publikum begrüssen mich in der Chastè da Cultura jeweils derart herzlich, als wäre ich da im Südosten der Schweiz zu Hause. So ist es schön, daheim zu sein. Auch dank Mister King, bisweilen der einzige Hund, den ich wirklich mochte. Seinetwegen freute ich mich gar auf die Herausforderung mit der Hundeschar auf der Lynx Track Farm.

Bald werden wir die Farm übernehmen. Vorübergehend. Yasmine und Doug, unsere Gastgeber, ziehen mit den Lamas in die Berge. Wir sorgen dafür, dass sie diese Zeit geniessen können. Und sich danach daheim wieder zu Hause fühlen.

Faro, 2013 (aus «Wolken melken», überarbeitet)

Ein Lama für den Frieden

Sie sind weg. Yasmine und Doug, die ehemalige Juristin aus Genf und der Ranger aus den Rocky Mountains, unsere Gastgeber. Zusammen mit Rowdy und Dancer sowie zwei Hunden. Wir sind umgezogen. Vom Zelt ins Blockhaus. Leider. Zuvor hatten wir weniger Haustiere. Sprich Mücken. Und nachts angenehmere Temperaturen. Für knapp zwei Wochen liegt das Schicksal der Lynx Track Farm in unseren Händen. Ist (un-)gemein viel Vertrauen. Jetzt müssen wir eingreifen, falls die Hundeschar sich in ein kläffendes Knäuel verwandeln sollte. Hart dazwischengehen, lautet die Devise. Bis anhin tat das Dancer. Das Lama. Ein resoluter Friedensstifter. Es greift sogar ein, wenn Curly und Violet, die jüngsten Vierbeiner, sich spielerisch im Gras wälzen. Rowdy ist da toleranter. Das zweite Lama. Gemeinsam ist ihnen die Argwohn gegenüber Veränderung. Wenn wir Sträucher schneidend gegen den Wald vorgehen, kommen sie verdächtig nahe. Wenn wir Gras mähen, markieren sie Präsenz. Irgendwie menschlich. Wie UNO-Blauhelme, aber effektiv.

Der Start in die Selbstständigkeit als Farmer beginnt mit einem leisen Paukenschlag. Eindringlich wurden wir vor dem Worst-Case-Szenario für Hunde gewarnt: The Porcupine! Das Baumschwein. Die Stacheln dieses seltsamen Tiers bohren sich in Zunge und Gaumen der Hunde. Auch in die Nase, wie wir später erfahren. Sie zu ziehen, ist eine Tortur. Nicht nur für die Hunde. Kaum sind Yasmine und Doug weg, sitzt es da, das Stachelschwein. Wie es auch genannt wird, das Tier. Sass unter dem Truck. Jetzt muss es schnell gehen. Hunde zurückhalten und den hübschen, aber ungeliebten Gast einfangen. Ab in eine Kiste, auf den ATV und weg damit. Glück gehabt. Hätte nicht gedacht, dass wir bereits innerhalb der ersten fünf Minuten derart auf die Probe gestellt werden. Ebenso hätte ich mir nie träumen lassen, je einmal ein ATV zu fahren. All Terrain Vehicle. Auch Quad genannt. Ein vierrädriges Unding, das manchenorts dazu benutzt wird, um mit viel Lärm und Staub die Natur zu entdecken. Hier dient es als Traktor. Drum, sag niemals nie.

Den Schüttelbecher beanspruchen wir auch für die Dreckwäsche. Fahren zweimal 14 Kilometer Schotterstrasse für einen Sack saubere Kleider. Beim Warten auf die Wäsche werden wir im Visitor Center zum bevorstehenden Wild Meat Barbecue eingeladen. Bär, Elch, Karibu – alles, was das Jägerherz begehrt, alles gratis. Diese Grosszügigkeit hat einen Hintergedanken. Bald beginnt die Jagdsaison. In Yukon Territory dürfen alle. Ein Abschusskontingent besteht, auch für Kinder. Ein Elch pro Mensch. In vielen Tiefkühlern fehlt nun der Platz für Frischfleisch. Vermutlich insbesondere bei kinderreichen Familien. Auf dem Rückweg springt unmittelbar vor uns ein junger Schwarzbär aus dem Busch auf die Strasse. Und zieht von dannen. Grossmut eines Mächtigen. So ginge es auch. Denke niemals nie.

Das Wetter zum Beispiel. Ja, Wetter hat es auch. Mich zieht es stets wieder in den Norden, da ich Hitze eigentlich nicht mag. Jetzt hingegen schätze ich es, wenn es bei der Feldarbeit derart heiss wird, dass selbst den Mücken und Blackflies die Lust am Stechen und Beissen vergeht. Aus demselben Grund freue ich mich über frostige Nächte. Die Wettervorhersagen am Radio sind wohltuend kurz und zufriedenstellend rar. Sowie ehrlicherweise nicht mehr als eine Tendenz. Dafür bestückt mit Hinweis auf Smoke. Denn Rauch hängt hie und da in der Landschaft. Der vom Wind durch die Luft getriebene Duft erinnert daran, dass unweit riesige Flächen Wald brennen. Einfach so. Ein Ding der Natur. Die Stromleitungen hat das Feuer bereits gekappt. Faro hängt deshalb am Generator. Uns liefern Sonne und Wind Energie genug. Die Strasse von Faro nach Carmacks, die Verbindung zur Zivilisation quasi, wurde aus Sicherheitsgründen gesperrt. Touristen sitzen fest. Als Entschädigung winkt das Wild Meat Barbecue. Wer trotzdem ausreisen will, nimmt einen holprigen Umweg von anderthalb Tagen in Kauf. Doch das geht nur mit SUV via Ross River und Johnsons Crossing. Das ist Yukon Territory. «Canada lives here», wie das Radio sagt. Ja, sag niemals nie.

Faro, 2013 (aus «Wolken melken», überarbeitet)

Vollmondnacht

«Shit, we've lost the horses!» Soeben sahen wir sie noch, die beiden Norweger und das dritte Pferd. Zugegeben, so weit weg waren sie noch nie, seit wir die Verantwortung für die Farm übernommen haben. Normalerweise tauchen Abby, Stormy und Pixie im Verlauf des Abends vor dem Blockhaus auf. Das Zeichen, dass sie reif für den Stall sind. Nun ist bald Mitternacht. Die Hunde schlafen, ausser Curly, unser persönlicher Beschützer. Ihn nehmen wir mit, ebenso den Bärenspray, setzen uns auf den ATV und tuckern los. Hinein in die übers Feld tanzenden Nebelschwaden. Beinahe taghell die Nacht. Noch beginnt die Dämmerung, bevor sie endet. Plus Vollmond. Wo sind sie? Wir wenden, überlegen, wo wir noch suchen könnten. Und wo danach. Da tauchen sie unverhofft aus dem Nebel auf. Wusste gar nicht, dass die Wiese da einen weiteren Morgen in den Osten reicht. Haben sie sich verirrt? Folgten sie unserem Rufen aus dem Nebel? Spürbare Erleichterung beiderseits. Die drei Ausreisser lassen sich ohne übliche Mätzchen zurückführen. Und furzen noch einmal lautstark in die Nacht hinaus.

Faro, 2013

Larger than life

Yasmine und Doug sind zurück. Wir weg. Drüben in Alaska. Haines heisst der Ort. Mit Blick auf Berge, Gletscher und Meer. Direkt vor unserem Zelt. Und da ich diese Kolumne hier zu schreiben habe, regnet es. Ja. Es ist Schluss mit Sense, Mann. Farmerleben ade, aus. Amen. Schade.
Nach ihrer Rückkehr schickte uns die Gastgeberin auf eine fünftägige Wanderung direkt ab Farm. Erst gingen wir widerwillig, bald freiwillig. Mit Sugar. Die süsse, alte Huskylady. Wir kletterten über verkohlte Bäume, spazierten auf gigantischen Mooskissen und wanderten vorbei an Stachelschweinen auf Nadelbäumen, durchwateten und wuschen uns in Creek und River, achteten auf Bärendreck und Moosepoops und übernachteten an lauschigen Plätzen. Immer wieder mit Sicht auf den grosszügig mäandrierenden Pelly River, stets auf der Hut: «You are in Bear Country. Be alert, make noise.» Das taten wir. «Hejo!» Oft. «Hey Bear!» (Nicht «Hey Beer!» wie man oft hört. Mehr wie Bär. Wobei – dem Bären spielt das nicht so eine Rolle. Hauptsache laut.) Und oft. Da und dort mit Echo. Sonst nichts. Unheimlich still der Wald. Kein Zwitschern, Rauschen und Knacken. Absolut nichts. Nur wir. Wir sind dankbar für die Zurückhaltung der Tiere. Dass sie gehen, wenn wir rufen. Denn da waren sie. Gemäss Kot- und Fussspuren vor Kurzem. Wir ergötzten uns am Blick auf jungfräuliche Hügel, Berge und Ketten. Es gäbe noch viel zu entdecken. Zu viel für ein Leben. Gleichzeitig das Motto, um zu überleben. Im Tombstone Territorial Park knapp unter dem Polarkreis, wo wir später noch hoch wollen, käme uns kein Ranger suchen, sollten wir verloren gehen. Ganz offiziell. Zu viel Landschaft für nur ein Leben.
Unser Wanderziel, die First-Nation-Gemeinde Ross River, erreichten wir einen Tag zu früh. Mangels offiziellem Zeltplatz taten wir es wild. Das liegt uns inzwischen. Zur Zeit,

als es andernorts eindunkelt, wurden wir Zeugen einer lokalen Sportart. Offensichtlich ist der Freizeitverkehr ein auch hier bekanntes Phänomen. Jugendliche fahren die Canol Road runter bis zur Fähre und hoch zur Grocery. Runter und hoch. Ein paar Hundert Meter, um das Auto zu präsentieren. Es ist jedes Mal dasselbe Dutzend, das dabei zuschaut. Aber, obwohl kleiner ist der Ort lebendiger als das Schlafdorf Faro. Man hört und sieht mehr Mensch auf der Strasse. Auch zu Fuss. In Faro eine Rarität. Den Leuten da geht es besser, also bleiben sie zu Hause. Oder lauern im Auto. Wohlstand soll gepflegt sein.
Zurück auf der Farm besucht uns die Pferdephysiotherapeutin aus Whitehorse. Weitere neue Horizonte. Auch erfahren wir durch sie noch mehr über das Leben hier. Wie einsam es sein kann, wenn man alleine ist. Der Rayon für ein Date umfasst mehrere Tausend Kilometer. Viel Landschaft für die Einsamkeit. Manchmal zu viel für einsame Herzen. Dann verabschieden wir uns von Yasmine und Doug. Das fällt uns schwerer als der Abschied von daheim. Und siehe da, danach auf der Reise begegnen wir zuerst Auslandschweizern. Haben die Schweiz unter anderem der vielen Ausländer wegen verlassen. Um hier Zuwanderer zu sein. Zum Kuckuck noch mal!
Tags darauf erklimmen wir einen Gipfel des White Mountain und freuen uns über die Aussicht. Und über den Weitblick, den man haben könnte. Viel Horizont. Das aber ist eine andere Geschichte. Grösser als das Leben.

Haines, 2013 (aus «Wolken melken», überarbeitet)

Kein Rührei in Chicken

«Oh my God. – Yes. – Mmh.» Weibliches Nasal, dann rhythmisches Klatschen. Zwei junge Körper aus Alberta vereinen sich in der nächtlichen Intimität eines staatlichen Zeltplatzes. Und rauben uns den Schlaf. Manche Geräusche können ganz schön romantische Fantasien tilgen. Tags darauf werde ich mit «you look familiar» begrüsst. Im Kroschel's Wildlife Center nördlich von Haines. Sehe ich aus wie ein Alaskaner? Oder sieht Rocky Seward mir an, dass ich ihm ein Buch zurückzugeben habe? Mit Gruss unserer Gastgeber von der Lynx Track Farm. Ein Grund könnte Mario sein, der Italiener mit gewisser Ähnlichkeit, da Bart. Ich gehe nicht davon aus, dass er mich von der Bühne her kennt. Egal, der Besuch bei den Tierfilmern war die Reise wert, weil viel Zusammenhang und echt kein Zoo.
Wir geben uns weiteren Distanzen hin, begegnen erst Luchs und Bär, später Karibu und Moschusochse, öfters Jäger und Tourist. Auf dem Alaska Highway einem jungen Paar aus British Columbia, das gerne per Anhalter weiterkommt. Was in Kanada eigentlich illegal sei, verraten sie. Wir erzählen von unseren Plänen, vom North Coast Trail auf Vancouver Island und unseren Zweifeln. Sie sagen, wir sollen den Trail machen. Er sei hart, härter als der West Coast Trail. Aber einsamer und schön. Mal schauen.
Zurück im Hier queren wir viermal die Grenze zwischen Kanada und den USA: «Do you have vegetables, fruits? Any weapons?» «No», sagen wir. Haben alles weggeworfen. Denken wir. Bullshit. Idiotische Paragrafen lehren Mensch lügen. Eine gewisse Illegalität fährt auf den dünn gesäten Strassen von Alaska und Yukon Territory stets mit. Gehört dazu wie der Sprung in der Windschutzscheibe. Als Tourist hofft man inständig, man gehöre nicht dazu. Doch schlagartig kann man beobachten, wie der Sprung wächst. Ganz langsam. Wir gehören dazu. Ein Highway ist hier nicht in

Teer und Beton vergoldetes Steuergeld, sondern kann eine Schotterpiste sein. Da fliegen Steine nun mal. Gegenverkehr sieht man dank Staubwolke meilenweit im Voraus. Alle Viertelstunde. Vielleicht. Das entspricht auch der Wartezeit bei Baustellen. Auf dem Taylor Highway in Alaska warten wir mit einem Paar aus Anchorage. Kurzes Geplauder, lange Fahrt, dann folgt Chicken. Eine 15-Seelen-Goldgräbersiedlung mit Kaffeebar und riesigem Souvenirshop. Das defekte Teil der Kaffeemaschine wird eingeflogen, nachmittags, drum kein Espresso. Auch Rührei geht nicht, weil der Lastwagen mit den Eiern sich verspätet. Schräg. Ich kaufe nie T-Shirts, woran man erkennt, wo ich war, doch Chicken ist so abgefahren, ich tat es.

Die nächsten Tage verbringen wir in Dawson City, den einen Abend mit Audrey, Sherry und Phil aus Washington D.C. in ihrem bescheidenen Wohnmobil. Sonst üblich für Männer hier, die oft vor Alter oder Bauch kaum mehr gehen können, ist ein Gefährt von der Grösse eines Stadtomnibusses. Bei viel gutem Gespräch helfen wir einen Karton Weisswein leeren. Im Gegenzug decken sie uns mit Gemüse ein. Die Grenze ruft. Den Whisky behalten sie dennoch. Tags darauf treffen wir Karon und Paul aus Anchorage zum dritten Mal und setzen uns in ein Café. Paul erzählt, wie er sich als Junge schwor: «When I get rich, I don't wanna use that stuff called milk powder anymore.» Dabei denkt er nicht an einen Millionär, eher an ein Leben, wie es sich die Mehrheit in der Schweiz leisten kann.

Echt, würden wir daheim derart oft angesprochen, wir müssten einen Waschsalon eröffnen. Doch zuvor wollen wir noch Grüsse von Rocky ausrichten.

Dawson City, 2013 (aus «Wolken melken», überarbeitet)

Dempster Highway

Endlich Unendlichkeit. Begrenzt nur durch die Natur und persönliches Versagen. Wir fahren auf der Schotterpiste, die zuweilen zum Emergency Airstrip aufgewertet wird, über den Polarkreis hinaus. Und zurück. Begleitet von Leonard Cohen. Dazwischen besuchten wir Tuktoyaktuk. Sight seeing ist normalerweise nicht so unser Ding, doch die Führung von Eileen, ihre Kochkünste und Anekdoten waren es wert, die Prinzipien über Bord zu werfen. Die Geschichten über die Toten zum Beispiel, die im Sommer erst vollständig auskühlen müssen, bevor sie unter die Erde kommen. Damit der Permafrost keinen Schaden nimmt. Tuktoyaktuk ist nur im Winter mit dem Auto erreichbar, dank einer Eisstrasse via McKenzie River und Polarmeer. Bald sollen die Einwohnerinnen und Einwohner der Stadt eine Ganzjahresstrasse erhalten, sofern die Regierung will. Vier Jahre Bauzeit für 180 Kilometer. Das passt zu den 20 Jahren für die 800 Kilometer Dempster Highway. Diese Strasse sollte eigentlich Annie-und-Joseph-Highway heissen. Annie Henry Mitchell (1904–2005) und Joe Henry Shada (1898–2002) waren 81 Jahre verheiratet. Sie führten damals die mutmasslichen weissen Pioniere aus dem Süden durch Taiga und Tundra nach Inuvik. Ihr Wissen ist das Fundament für die mehrere Hundert Kilometer lange Piste in den Norden. Ihnen ist einzig abseits der Strasse, versteckt hinter Büschen, ein unscheinbares Denkmal gewidmet. Auf Initiative einer Enkelin. Auf keiner Karte ist es zu finden, kein Reiseführer erwähnt sie mit einer Zeile. Die geschriebene Geschichte ist auch hier nicht die Geschichte der kleinen Frau, des kleinen Mannes. Es ist die Geschichte der Macht. Und somit wahrer? Der Dempster Highway wurde 1979 fertiggestellt.

Auf der Rückfahrt machen wir einen Abstecher in das Visitor Center von Fort McPherson und werden ungefragt verköstigt und ausgefragt. Fisch und Bannockbrot. Köstlich. Rezepte der First Nation. Als sie fragen, ob wir von daheim mit dem Auto angereist sind, realisieren wir, dass sie keine Ahnung haben, wo oder was die Schweiz sein könnte. Ist nicht weiter schlimm. Der erste Schnee fällt.

Dawson City, 2013

Zu Gast im Bordell

Im Yukon Territory steht je 15 km^2 im Schnitt ein Mensch. Theoretisch. Im Sommer vielleicht alle 14 km^2, da ein paar Reisende hinzukommen. Dazu zählen auch wir. Zwei kurze Monate lang. Würden wir länger bleiben, wäre es für sehr lange. Mit Vorliebe in Dawson City, wo wir, nach einer Augustnacht am Polarkreis im vom Schneesturm geschüttelten Auto, im Bordell übernachteten. Ehemals eindeutig zwielichtig, heute ein Bijou. Das gönnten wir uns zum Hochzeitstag, die Nacht im Bordell.

In Dawson City existiert nicht eine einzige Filiale einer Modekette. Überhaupt entdecken wir in ganz Yukon nichts Derartiges. Ein freier Flecken Land. Schier real paradiesische Zustände, frei von modischen Zwängen, dafür ganz schön viel Luft. Noch. Solange neue Minen und das unsägliche Fracking aussen vor bleiben. Letzteres ist quasi der Atomstrom der Ölbranche. Laute Versprechen und Hoffnung werden zu unlauteren Versprechern und stillem Irrglauben. Es winkt vermeintlicher Aufschwung ohne den Funken einer Idee, wohin mit dem ganzen Mist. Da radioaktiv, hier Chemie. Da und dort viel verseuchtes Wasser. Weshalb so viele Spuren für nur eine Durchreise? Leben ist kurzfristig.

Unsere Zeit im Norden läuft aus. Wir runden sie mit einem Überraschungsbesuch mit Grüssen von Rocky auf der Lynx Track Farm ab. Ein Umweg von zwei, drei Tagen nur. Das zweitägige Supplement an Kost und Logis erarbeiten wir uns mit Wildbeeren und Bohnen ernten, Fensterrahmen streichen und was es sonst noch zu tun gibt auf einem Biohof mit drei Pferden. Des Weiteren zu Gast sind Jenny und Dennis, Freunde der Gastgeber, sowie Gäste der Gäste, Kathi und Ronny. Jenny, Kathi und Ronny sind aus Deutschland, Dennis ist Kaska. Die bisherigen Kolumnen bestehen den ersten Vorlesetest vor deutschem Publikum.

Sogar Dennis mag sie, obwohl er kein Wort versteht. Das gefällt.
Tags darauf sind wir zu Gast beim vierköpfigen Gästebouquet, gehen mit Genuss erfolglos angeln und erfahren, dass Ronny, der Programmierer, besser Koch wäre. Dennis ist Künstler und Jenny seine Managerin. Auch ist er der Bruder des Chiefs der Ross River Kaska. Ein First-Nation-Stamm. Ist nur die halbe Wahrheit, Mann ruft sich Bruder. Weil man sich nahesteht. Auf gemütlich wenig Raum erfahren wir Bruchstücke über das Leben der First Nation heute und die junge Geschichte ihrer Kinder. Diese Spur quer durch Kanada ist mit Vorsicht zu vergleichen mit dem Schicksal der Schweizer Verdingkinder. Langes Vergessen, endlich kinotauglich. Nur brutaler, gewaltig gewissenlos. Im Namen Gottes.
Zum Schluss folgt die Reise, die einem Patienten aus dem Yukon blühen würde, wollte er sich einer Augenoperation unterziehen. Auch im Notfall. Vancouver ist das Ziel, in unserem Fall mit Umweg via Vancouver Island. Unsere Augen sind überfordert. So viel Verkehr und Grau, Gewusel und Stau. Masse und Stumpfsinn. Wie der Hinweis vor Tunnels: Licht an und Sonnenbrille weg. Oha. Wir staunen über die Busspur auf dem Highway, günstige Bustarife und freundliche Fahrgäste. Ob jung oder alt, versoffen oder Tourist, niemand steigt ohne ein «thank you» aus. Dennoch verlassen wir Victoria beinahe fluchtartig. Sind noch nicht bereit für so viel Mensch. Im Norden der Insel, wo Strasse und der silbergraue Bus bald leer sind, atmen wir auf. Noch einmal zu Gast in der Wildnis, sieben Tage Küstenwanderung erwarten uns. Der September ist noch jung.

Port Hardy, 2013 (aus «Wolken melken», überarbeitet)

Spardiktat

Das Meer beleuchtet den Abend, schöne Enten tauchen lange, lustige Fische hüpfen kurz, derweil hungrige Seehunde die Köpfe strecken. Nachts im Zelt lauschen wir der rauschenden Flut und hoffen, die Angaben auf der Gezeitentafel mögen stimmen. Es folgt ein lebendiger Morgen mit Porridge und in der Bucht schwimmenden Grauwalen beim Frühstück.

Dieses Idyll bescherte uns der North Coast Trail auf Vancouver Island. Ja, wir haben uns dafür entschieden. Tag eins: John, der Stadtrat, fährt uns zum Ausgangspunkt. Letzter Tag: Das Wassertaxi braust heran, holt uns ab, auf Vorbestellung acht Tage zuvor. Ein Ende ohne Pardon für eine «Komme später»-SMS. Empfang gleich null und Funk heisst Notfall. Neun Uhr morgens. Das Warten auf das Wassertaxi, das uns in der Shushartie Bay abholen soll, ist seltsam. Plötzlich spielt nicht die Zeit, sondern der Zeitpunkt eine Rolle. Abends zuvor beobachteten wir in der Bucht noch eine Schwarzbärin mit Jungen am andern Ufer. Sechs Tage wanderten wir von «easy/moderate» bis «extremely difficult» durch verwunschenen Regenwald, lichtes Hochmoor und tiefen Morast. Dabei kam uns erstmals, seit wir etwas Kanada erwandern, ein Bär entgegen. Die Frage, Foto schiessen oder lärmen, stellte sich nur kurz. Wir riefen. Fortan grüssten wir, freundlich wie wir sind, tagaus, tagein lautstark Bär, Puma und Wolf. Ohne sie zu sehen. Unser Weg führte uns an tausendjährigen Giganten vorbei, über Strände und Seilbahnen. Wir kletterten am Seil Abhänge hoch und Aufgänge runter und durch Wurzelstöcke so gross wie ein Zimmer. Täglich absolvierten wir einen Parcours über Schwemmholz, Milchflaschen und PET; Mist, den ganz grosse Flaschen irgendwann liegen gelassen, ins Meer geworfen oder in einem Fluss vergessen haben. Aus dem Vergessen wächst weit draussen in den

Weiten des Wassers still und stetig eine monumentale Insel aus Plastik heran, bunt und in ständiger Bewegung. Das Wassertaxi taucht aus dem Nebel auf. Der Chauffeur setzt eine neue, skeptisch uns beäugende Wandergruppe ab und überrascht uns mit frischem Wasser und Frühstücks-Bagel. Wir strahlen. Auch zur Beruhigung der Neulinge.

Im Regenwald mit faszinierend duftenden Rotzedern fiel uns auf, was wir zuvor nicht vermissten. Schnecken. Mit harmlosem Namen, aber grösser als unsere Tigerschnecken: die Bananenschnecken. Ein weiteres Plus für den Yukon.

Wenig Mensch sahen wir trotzdem. Paul zum Beispiel. Bei der dritten Begegnung mussten wir ihn verarzten. Verletzte sich beim Fischen. Im Gegenzug bekamen wir frischen Lachs. Paul verzichtete, da Knieschmerzen, 30 Jahre lang aufs Wandern. Bis er sich glutenfrei zu ernähren entschloss. In der Folge entdeckte der Insulaner aus dem milden Süden vor zwei Jahren die Parks im rauen Norden. Jetzt muss er mit ansehen, wie Sparmassnahmen der Regierung die wenigen Parkangestellten sowie viele Freiwillige aufs Höchste strapazieren. Wie daheim. Man spart. Vorzugsweise dort, wo es nachhaltig wirkt. Bei Bildung, Kultur und Natur. Die Folgen sind was für die ungeborene Generation. Firmen ohne die Seele eines Patrons handeln genauso. Spardiktat mit Schreibfehler. Irgendwie. Würde ein Stadtpräsident auf jährlich 50 000 Franken verzichten, womit ihm stets noch mehr bliebe als der Mehrheit, müsste, über den Daumen gepeilt, ein Dutzend Vereine weniger um die Existenz bangen.

Zurück zur Zivilisation. Das Motto nach dem Leben in wilder Natur. Die ersten Tage ernähren wir uns in Port Hardy von jungen Deutschen. Sprich, von ihnen in einer Herberge geerbten Lebensmitteln. Bevor die Wirtschaftsstudenten uns verliessen, freiwillig, schwärmten sie vom billigen

Essen daheim und kritisierten die hiesigen Preise. Wir wussten das Erbe zu schätzen. Zwecks Aufwertung suchten wir lokalen Fisch, fanden jedoch nur Herangekarrtes, was uns angesichts der vielen Fischerboote vor Ort einigermassen irritierte. «It's ridiculous», der Kommentar einer Gastgeberin, lokal Gefischtes ihr Geschenk.

Auf unserer Pirsch zurück zu Mensch und Leuten lernten wir zudem Fressspuren beim Lachs deuten. Ist der Fisch zerfetzt, war es der Adler. Fehlen Hirn, Haut und Eier, genoss ihn der Bär. Ein Fisch ohne Kopf spricht für den Wolf. Denn nur der Fischkopf ist frei von Käfern und Krankheiten. Clever, das Tier, weiss, wo sparen sinnvoll ist. Vom Rest des Fisches profitieren die Möwen. Und an den Jahrringen der vom Bär gedüngten Bäume wird man ablesen können, wie gut das Fischjahr war. Zusammenhänge. Wir staunen.

Telegraph Cove, 2013 (aus «Wolken melken», überarbeitet)

Mind your step

«Mind your step», ruft eine Frauenstimme am Ende der horizontalen Rolltreppe, welche die Menschen zum Stehenbleiben animiert. «Mind your step.» Flughafen Amsterdam. «Mind your step.» Nach viel Zeit und Natur, wo einzelne Handgriffe oder Rufe entscheiden, ob ich falle oder der Bär kehrt macht, tut das weh. «Mind your step.» Ja-a! – Wir sind auf dem Weg zurück in die Schweiz.
Ein paar Schritte zuvor waren wir noch in Vancouver. Machten da fünf Tage halt, um uns auf Enge umzustellen. Mitten in Downtown in einem Althaus, eingeklemmt zwischen viel Beton. Mindestbauabstand existiert da nicht. Fenster zur Seite verkümmern zur Lüftung. Und während uns zuvor auf der Insel mit dem Namen dieser Stadt ein Waschbär mit Nussknacken unterhielt, bestimmten hier Müllabfuhr und Sirenen den Sound einer Nacht. Das Innenleben des Guest House ist eine schöne Überraschung, der Gastgeber ein finnischer Outdoor-Freak, pendelt zwischen Grossstadt und Yukons Wildnis. Sympathisch. Die Stadt ist ein internationaler, ziemlich braver Eintopf mit augenfälliger Dominanz von Starbucks und Chinesen. Letzteres schlägt sich auch auf die Immobilienpreise nieder. Sagte der italienische Friseur. Überteuert. Sei es down in Town, wo je Strassenecke ein Bettler nach «Change» ruft, oder im hübsch sterilen Häusleinquartier, wo wir uns in der Schweiz wähnten. Auffällig sei die asiatische Dominanz auch an der Uni. Dank Gebühren, die sich die Heimischen nicht mehr leisten könnten. Sagte Paul, der Wanderer auf Vancouver Island. Omnipräsent ist die chinesische Präsenz im Gemüse- und Früchtehandel der Stadt. Stellten wir fest.
Beim Spazieren zwischen viel Schönmensch und Hybrid-Taxis, durch zahlreichen Neuautoverkehr und auch grossartige Kaffeekultur vermissten wir die Bäckereien mit day old bread sowie die Cafés und Shops, die politisch

Stellung beziehen, ohne freiwillige Zensur und Sanktionen, so wie wir es auf der Insel, in Alaska und im Yukon angetroffen haben. Auch fehlen uns Otter und Seelöwen in den Buchten und irgendwie die öffentlichen Wäschereien und Duschen. Einfachheit und simple Begegnungen. Ebenso ersetzen die Tauben den Adler nicht, der sich knapp über unsere Köpfe hinweg wie eine Kanonenkugel in die Tiefe stürzte. Ersetzt die Geschäftigkeit nicht den Beeren schmausenden Bären im Busch unmittelbar vor uns. Hingegen erfuhren wir, dass es hip ist, Bier und Drinks im Einmachglas zu geniessen. Cool. Und dass die kanadische Flugsicherheit mein Gesicht definitiv nicht mag. Kein Durchkommen ohne zusätzliche Kontrolle. Das steigerte die tierische Vorfreude auf Juraskyline und die kauzigen Charakterköpfe und bunten Vögel daheim in Downtown des Kantons Solothurn.

Endlich zu Hause, geniessen wir die Reste der selbst gemachten Konfitüre mit wilden Beeren von drüben. Vergängliche Souvenirs versüssen die Rückkehr. Denn obwohl daheim, dauert das Heimkehren noch an. Könnte wieder Abschied nehmen. Denke manchmal, «bitte, schickt mich wieder los.» Muss wieder lernen, dass ein Outhouse sauberer ist als das stille Örtchen in Bahn und Autobahnraststätte. Dass Verkehr gewaltig aggressiv sein kann und Kirchenglocken und Internet viel Zeit diktieren. Dass kurze Distanzen ein Hindernis sein können. Dass es seine Zeit dauert, bis sich Horizonte den grossen Plätzen und Begegnungszonen anpassen. Dass ein Transparent des WWF nicht willkommene Politik ist, und Gazprom nichts mit Politik am Hut haben soll. Einleben Schritt um Schritt, damit es kein Schnitt wird. «Mind your step.» Please.

Olten, 2013 (aus «Wolken melken», überarbeitet)

Sieben Siegel

Man kann über die USA sagen, was man will, velofreundlicher als Helvetia sind sie allemal. Stimmt nicht. Aber New York ist es. Da, wo ich vor sechs Jahren als einsamer Drahtesel-Cowboy den Weg mit heimischen Joggern teilte, herrscht heute lästiger Hochbetrieb. Alles fährt Rad: Krawatte, Tattoo, Design, Langhaar, Bart, Halbschuh, Yuppie und Papi. Das bestätigen Werbebanner, Cafés, Sport- und Hundespielplätze entlang der Strecke. Selbst Touristinnen radeln, auch solche Touristen, die sich daheim für kürzere Strecken ins Auto setzen und sich das Souvenirfoto mit Rad und Brooklyn Bridge stolz ans Armaturenbrett kleben. Liegt es an den Lastwagen und Taxis? Im Gewusel auf Manhattan finden beiderlei Chauffeure heute die Grösse, mir mit Blick plus Handzeichen zu sagen: «Fahr. Ich warte.» Natürlich gibt es auch in New York Vierradvolk, das Radstreifen mit Parkplatz verwechselt. Hätte ich einen Pflug am Rad dran und mehr Strampelstärke, dann ... Auwei! Radeln auf Manhattan und in Brooklyn macht Spass. Logisch, daheim auch. Nur ginge mehr, wenn man richtig wollen würde. Unser Verkehrspuff ist meist hausgemacht, sprich innerstädtisch und Agglo. Inzwischen weiss man: neue Strassen, mehr Verkehr, plus absehbare Zukunft, mehr Mensch. Wollten wir ernsthaft weniger Stau, dann müsste das Volk aufs Rad. Hülfe auch, die Gesundheitskosten zu senken. Das klappt allerdings nur, wenn den Autos Platz genommen wird und an ihrer Statt Velos konsequent Vorrang erhalten. Siehe Kopenhagen. Warum das keine Schweizer Stadt kann, ist mir ein Buch mit sieben Siegeln. Was wäre, wenn eine kompakte Kleinstadt wie Olten, wo die Distanzen kaum reichen, um ins Schwitzen zu kommen, Vorreiterin sein würde? Mit kantonalem Support. Das verlangt unschweizerisch viel Mut. Ich fänd's great!

Williamsburg, 2015

Antarktis

Da würde ich gerne mal hin.

Vermutlich lasse ich es bleiben.

Kanada

Achtung, Hummer

Drei Wochen leben wir freiwillig. Sonst natürlich auch, jetzt explizit. Wir, das sind meine Frau und ihr Mann. Freiwillig ist der Auslandeinsatz auf einem Öko-Zeltplatz mit Garten und viel Wald. Da kommen wir zum Zug. Mit Motorsägen verhelfen wir wilden Heidelbeeren zu mehr Licht und raren Campern wieder zu Meersicht. Letztere lohnt sich, sofern nicht Sturm und Regen den Blick vernebeln. Die Aufgaben hier: Vielseitig. Inklusive Segelboot. Muss vom Schimmel befreit werden. Auch unter Mithilfe von Zahnbürsten. Ja, was als Strafaktion in unsereiner Köpfen abgespeichert ist, tun wir hier freiwillig. Fast zumindest. Eine deutliche Bemerkung unsererseits bewahrt uns vor weiteren Aufgaben dieser Art.

Unsere uns auferlegte Bedingung war: Der Einsatzort soll abgelegen sein. Ist erfüllt. Im Dorfladen hat es, was es hat, und das ist nicht viel. Vor allem Frisches ist Mangelware, hingegen hat es Wein aus Australien. Zu unserem Erstaunen ist der Laden täglich geöffnet. Auch sonntags. Da gehen wir wandern. Freiwillig. Mit festem Stock für die Kojoten. Also ihretwegen, um sich gegebenenfalls wehren zu können. Soll nötig sein. Einmal wöchentlich steigt irgendwo in der Bucht schwarzer Rauch gen Himmel. Zwecks Abfallentsorgung. Alles Zeichen der Abgeschiedenheit. Irgendwie. Wie die Buben, die ihr Fahrrad zum Töff frisieren. Grössere Buben fahren in grösseren Autos die Strasse rauf und runter. Hoch und zurück. Sinnlos, aber eine Beschäftigung. Habe das Gefühl, ich hätte das andernorts schon mal beobachtet.

Auf unserer Wunschliste steht, dass wir mit Hausherr und Tochter aufs Boot wollen. Hummer fischen. Noch ist Saison hier im kanadischen Cape Breton. Die meisten dieser kanadischen Hummer werden dann in Amerika als «Maine Lobster» verkauft. Zweifel hin oder her, so spielt der sogenannt freie Markt. Mit mehr Tricks denn Freiheit, mehr Eigennutz denn Fairness. Gut find ich das nicht. Den Hummer schon.

Cape Breton, 2015

Ach du grüne Neune!

Es war Lust auf eine Erfahrung der andern Art: Velos auf Neufundland. Gemietet in Corner Brook. Ist so exotisch wie eine Giraffe in den Alpen, sprich, pure Überforderung für Heimische. Also hupen sie, ziemlich aggressiv, bevor sie dich überholen. Vermutlich denken sie, wir seien Elch und Karibu und sie könnten uns jagen. Ausweichen tun die Neufundländer in ihren übergrossen Karossen vorzugsweise Schlaglöchern denn Radfahrern. Abbremsen gilt als Freiheitsentzug. Lässt sich auch in der Schweiz beobachten. Corner Brook hat Ähnlichkeiten mit Olten. Ähnlich gross. Eine Arbeiterstadt, drum kein Hauptort. Oder umgekehrt. Und wandert Mann nicht gerade mit Scheuklappen durch den Ort, findet Frau (und umgekehrt) sehr hübsche Ecken, Strassen und Lokalitäten. Wie das Fahrradgeschäft mit Velovermietung. Corner Brook ist der wichtigste Ort im Westen der grossen Insel. Gut bestückt mit Einkaufszentren. In der Stadt hat es zwei halb leere, am Stadtrand sind es, falls richtig gezählt, drei. Keines ohne viel Leerraum. Noch mehr zu kämpfen haben die kleinen Lokale downtown. Ach du grüne Neune! Wer hätte das gedacht? Einkaufszentren und Internet entfalten ihre Wirkung. Was für eine Überraschung! Die Kleinen wehren sich mit sympathischen Kampagnen wie «be local, shop local». Mich dünkt, das lohnt sich. Es sind die kleinen Lokale, welche die frechen und innovativen Ideen entwickeln, welche echte Begegnungen ermöglichen. Sie bewegen. Wie die Velohandlung daselbst inklusive Café mit echt gutem Kaffee. Auch eine Rarität auf der grossen Insel im Osten Kanadas. Rar wie gute Beizen. Auf 1000 Kilometer fanden wir ein gutes Restaurant mit Frischware und zwei gute Cafés. Nach dem Zusammenbruch der Fischerei geschah auf Neufundland nicht mehr viel. Es fehlt an Ideen, mangelt an Innovation und man wartet auf Initiative.

Verglichen mit Corner Brook präsentiert sich die Situation in den Schweizer Kleinstädten geradezu paradiesisch. Drum ist es wert, Sorge zu tragen zu den kleinen Läden und lokalen Shops. Finde ich. Bevor alle Innenstädte sich ähneln wie ein weltweit uniformes, von Ali Baba ausgeraubtes Amazolando.

Corner Brook, 2015

Sleeping Beauty

Bis vor fünf Jahren hätte er noch darauf gewettet: Bläst Südost, gibt es Regen. Sagt Phil eines Abends auf Tanu, einer kleinen Insel im Gwaii Haanas National Park Reserve, wo wir acht Tage mitunter durch die faszinierende und erschreckend traurige Geschichte der hier ansässigen First Nation paddeln. Das ist vorbei. Das mit den Vorhersagen. Der Klimawandel ist dem Wetter die Demenz. Ähnliches widerfährt den Prognosen; sie ändern sich auf dem kanadischen Archipel Haida Gwaii halbtäglich – wie letzthin unmittelbar erfahren. Des Morgens brachen wir mit guten Prognosen zu einer fünftägigen Küstenwanderung auf, nachmittags hätten das unsere Gastgeberinnen nicht zugelassen. Für die bevorstehende Nacht und weiteren Tage wurde neu ziemlich viel, unzimperlich starker Südostwind vorausgesagt. Mit Regen. Das kostet uns am ersten Morgen in der Wildnis unangenehm viel Zeit, bis das Feuer brennt. Und Nerven, Heilanddonner! Das via Satellit konsultierte Wetter zwingt uns zur Umkehr. Wir tun es widerwillig, doch zur Erleichterung der Gastgeberinnen. Inzwischen wird vor Sturm gewarnt.

Ein beeindruckendes Paar übrigens, die zwei Frauen. Donna und Claudette jagen, fischen, halten glückliches Gefieder, verarbeiten alles selber – vom finalen Schlag oder Schuss bis zum Teller – und leben in einem selbst erbauten Haus, wo sie zwei eigene Kinder grossgezogen haben. Echte Pionierinnen der gleichgeschlechtlichen Sache. Wir sind ihnen für ein paar Wochen freiwillige Mitarbeitende. Da es uns sehr zusagt, doppelt so lange wie geplant. Wir gärtnern, führen die Hunde spazieren, fahren den Truck zum Wasser, um das Boot an Land zu holen, füttern Truthähne, ziehen Hühner auf, suchen die entlaufenen, fangen und hegen sie. Andere Hühner füttern wir nur. Und schlachten sie. Das war nicht so geplant, hat sich ergeben.

Wir sagten uns, können wir es nicht, das Töten, lassen wir fortan die Finger davon. Vom Fleischessen.

Eine Hügelformation der Insel trägt den Namen Sleeping Beauty. Es ist das Gesicht einer liegenden Frau im Profil. Eine wahrhaft schöne Analogie zum schlummernden Riesen von Olten. Oder zur Haifischflosse, wie andere sagen. Je nach Standort der Betrachterin. Und womit er oder sie aufwuchs. Mit welchen Erzählungen. Der Mann vom Jura wirkt markant sanfter, wesentlich geheimnisvoller denn die Schönheit von Haida Gwaii. Und er ist leichter als Profil zu erkennen. Sie hingegen, deren Profil ich zugegeben nie wirklich erkannte, ist auf Landkarten vermerkt und der Wanderweg nach ihr benannt. Könnte man daheim auch. Das aber ist eine Nummer zu gross gedacht für den kleinen Kanton Solothurn.

Tlell, 2017

Nie wieder Medienabstinenz!

«Where you're from?», fragt der Mann an der Bar. «Switzerland», lächeln wir. «Oh. Ihr habt jüngst das Frauenstimmrecht eingeführt.» Hoffnungsvoller Fehlstart in einer Kleinbrauerei, einem der raren *places to be* der Hafenstadt Prince Rupert. Ja, die Schweizer brauchten viel Zeit für diesen Schritt. Dennoch: «Sind bald 50 Jahre seither», sage ich und er: «Ich dachte, zwei, drei.» Kopfschütteln. Sein Nachbar meint: «Ohne Kanada wäre die Welt nichts.» «Why?» «Alle wichtigen Erfindungen sind von uns.» Interessant, denke ich. Und woher kommen die Kanadier? Europa ist hier doch allgegenwärtig! Sagen tu ich: «Bezüglich Sonnenenergie seid ihr im Hintertreffen.» Ein Fehler. Bald glitt mir der Boden unter den Füssen weg – wie die Woche zuvor auf einem Fischerboot auf Haida Gwaii, der Inselgruppe, von der auch viele Kanadier nichts wissen. Als Dank für viel Freiwilligenarbeit luden Claudette und Donna, die Gastgeberinnen, uns zum Fischen ein. Klingt simpler als es war, weil viel Warten, da Wetter entscheidend. Und da Klimawandel manchenorts wahrer, werden alte Wetterregeln jäh zu Makulatur. Ich freute mich riesig. Bis ich seekrank wurde. Horizont fixieren war keine Devise mehr, drum lag ich. Stets, wenn Donna «fish!» rief, juckte ich auf und torkelte zur Angelrute in der Hoffnung, Fisch sei schneller an Bord denn Magensaft drüber. Auf die Leine fokussierend kurbelte ich mit weichen Knien und schrie stumm: «Wo bleibt das Tier?» Da zog es – man ahnte Lachs – an der Schnur. Folglich gab ich ihm Raum, begann sobald angesagt erneut zu kurbeln und dachte, das nimmt kein Ende! Weit draussen sprang ein beachtlicher Fisch und mir entfuhr ein «Oh!». «That's your fish», sagte Claudette. Bitte nicht, bat ich, zu weit, das schaff ich nicht. Mein Arm lahmt, der Magen rebelliert. Ein übler innerer Kampf – wie in der Brauerei. Dank längerer Medienabstinenz. Nicht nur freiwillig. Zeitungen im ländlichen Kanada enthalten deutlich mehr Autowerbung als recherchierte Artikel. So erfuhr ich mangels Information: Smalltalk macht auf Dauer nicht glücklich, bei interessanten Gesprächen bleibt man zügig aussen vor und der Wahrheitsgehalt des Gegenübers Rede lässt sich nur dürftig diskutieren. Hätte ich gerne. Denn der Kanadier beharrt, Sonnenkraft sei sinnlos. Plötzlich geht es um eine Flut auf Spitzbergen, die zwei Drittel der internationalen Saatgutbank zerstört habe, was der Beweis für die kleine Eiszeit sei, welche ihrerseits belege, der menschgemachte Klimawandel existiere nicht. Bravo! Sechs Wochen ohne Blick in eine anständige Zeitung! Ich versuchte zu widerlegen, was gesunder Menschenverstand erlaubt, die globale Erwärmung sei erwiesen, gar Tatsache, ebenso, dass menschgetan, und auf Spitzbergen war ich, aber diese Flut nicht. Ein zweites Bier half beim Argumentieren nicht. Sage, das sei, wie wenn man über Glauben streite, und klemme die darob aufkeimende Diskussion mit kollegialem Schulterklopfen ab. Abschied. Zurück im Hostel suche ich verwirrt im Netz. Stelle fest, er hat verdreht, aufgebauscht und schlechte Recherche für bare Münze genommen. Ich hatte recht. Pech. Fazit? Zum Glück machen schlecht informierte Männer keine Politik.

Prince Rupert, 2017

Fiktion?

Reisen im Kopf

Schon mal in ein Stück rohen Blumenkohl gebissen und sogleich eine Reise getan? Selbstverständlich nicht real, die Reise, nur virtuell. Natürlich im Kopf. Mich katapultierte der Blumenkohl ins ferne Kanada zu Bob und gigantischen Gezeiten. Bob ist Kajakführer. Er fragte anlässlich einer Kajaktour zwischen zwei Inseln Neufundlands, wie wir die uns verbleibenden vier Tage in Kanada zu gestalten gedenken. Ideen waren da, doch nichts konkret.
«Would you like to visit me?», fragte er. Er fahre nach der Tour nach Hause und würde uns letzteres gerne zeigen. Klingt schön. Ja. Warum eigentlich nicht? Zwischen Ramea, wo wir paddeln, und dem Haus östlich von Saint John in der Provinz New Brunswick (Neubraunschweig), wo er lebt, liegen mehr als eintausend Kilometer. Plus Fährüberfahrt über Nacht. Für uns Schweizer Kleingeister ein grosses Unterfangen. Zudem reist das schlechte Gewissen stets mit. Lange Flüge, unzählige Kilometer. Mit Meilen liessen sich nur die Zahlen beschönigen. Würde ich den Klimawandel in Abrede stellen, müsste ich mir weniger Gedanken machen. Dennoch, wir taten es. Logisch, sonst hätte der Blumenkohl später nie diese Wirkung entfalten können. Wahnsinn. Die drei Tage bei Bob erlebten wir wie eine komplette Woche. Schön, wie Zeit sich dehnen lässt. Mit Kajaktouren in der Bay of Fundy, neben und unter uns tauchenden Tümmlern, Seehunden im Nebel, Wirbel so gross wie ein Abwaschtrog dank gewaltiger Gezeitenströmungen. Apéros mit guten Gesprächen, Wein und Blumenkohl. Nie zuvor ass ich ihn roh. All das schoss mir durch den Kopf, als ich Monate später daheim beim Rüsten ein Stück vom rohen Blumenkohl verschlang. Unzählige Bilder in höllischem Tempo, für eine ultrakurze Zeit. Ein Biss.
Denke immer wieder an Bob. Auch ohne Blumenkohl. Er könnte mein Vater sein. Hat seinen Jahrgang. Alles eine

Weile her. Heute begleite ich ihn virtuell auf seinen faszinierenden Paddelausflügen. Virtuelles Netz sei Dank.

Olten, 2015

Die Quadratur des Kreises

Manch ein Schreiberling kann schreiben, was er will, man glaubt ihm alles. Auch sollte es nur eine Meinung sein. Ist keineswegs tragisch, so geschehen Politik und Polemik. Andere können von wahren Begebenheiten erzählen, Glauben schenkt ihnen kaum wer. Weil eventuell zu ungeschminkt. Zu krass. Oder nicht populär genug. Egal. Dies verstehen zu wollen, käme der Quadratur des Kreises gleich. Ein Warum zu viel. Wie bei folgender Episode:
Es geschah zwischen Langenthal und Burgdorf. Vier Menschen im auszubildenden Alter belegten das Abteil hinter mir. Ihr Gespräch drehte sich um die Frage, wann Ostern sei. Gesucht jedoch wurde nicht das Datum, sondern der Tag. Genau. Denken Sie sich Ihre Sache. Es kommt noch besser. Sie waren sich einzig einig, dass Karfreitag ein Freitag sein müsse. Gut. Dank Suche im digitalen Streichelzoo entdeckten sie den Ostermontag. Allerseits grosse Verwirrung im Quartett: «Ja was denn? Ist jetzt Ostern montags oder sonntags?!»
Sie wissen viel, die vier Jungen, unbestritten. Garantiert sind sie auch gut vernetzt. Aschermittwoch und Gründonnerstag hätten sie mittels Recherche bestimmt auch je einem Wochentag zuordnen können. Nur an Ostern scheitern sie. Liegt das an Weihnachten, da diese Festivität ohne fixen Wochentag auskommt? Zusätzlich verwirrt, dass ein Donnerstag auch einmal ein Sonntag sein darf. Fronleichnam und Himmelfahrt zum Beispiel. Dennoch sei die Frage erlaubt, ob dies Ausdruck davon sein könnte, wie es um den Glauben hierzulande steht. Analog zu den gen Süden orientierten Pilgerreisen auf verstopften Strassen an hohen Feiertagen? Zum Beispiel an Osterfreitag. Oder war es ein Donnerstag? Womit ich nicht sagen möchte, dass ich glaube, Gott bewahre. Das Christentum hat ganz schön viel Heidnisches übernommen und ist

unbestritten ein Teil unseres Seins, weil Geschichte und Kultur. Sollte die jugendliche Ahnungslosigkeit jedoch Zeichen davon sein, wie es um Wissen und Zusammenhänge steht, dann mache ich mir echt Sorgen. Ich wage nicht, daran zu glauben.

Burgdorf, 2015

Neuanfang zum Jahresende

Nach mehreren, echt wahren Begebenheiten.

Eigentlich wollte sie gegen die Zeit fliegen. Das war der Plan. Spontan. Das tickende Rad zurückdrehen. Symbolisch. Aber nicht nur. Sie wollte, sie könnte wirklich den Schritt in die Vergangenheit tun. Um ungeschehen zu machen, was geschah. Auch hätte sie sich nicht betrinken sollen. Wenigstens das lag in ihren Händen. Nun ist, was war und wahr ist, was nicht hätte sein sollen. Mit dem Flug in die Nacht zurück sollten zumindest ein paar Stunden zu gewinnen sein. Wünschte sie sich. Sie hoffte, sich mithilfe des vermeintlichen Vorsprungs eine Verschnaufpause verschaffen zu können. Selbstverständlich wusste sie, dass sie sich etwas vorgaukelte. Zeit lässt sich nicht gewinnen. Aber der Gedanke vermittelte ihr eine Ahnung von selbstbestimmter Ruhe. Darum ging es. Dass sie sich schliesslich trotzdem für den Süden entschieden hatte, lag an ihrem Pragmatismus. Und am Nebel. Zu dick lag er über Zürich. Und zu lange schon. Die Kälte hockte zu tief in den müden Knochen. Wie eine Made, die sich freut, wenn das Fleisch langsam zu vergammeln beginnt.
Dieser Gedanke schwirrt durch ihren Kopf, während sie in der Ferne den Morgen kommen sieht. Das Flugzeug lässt die Schweiz und die letzten Stunden des alten Jahres weit hinter sich. «Frohes neues Jahr», denkt sie. «Jetzt die Zeit anhalten», schmunzelt sie. «Was geschähe in solch einem Moment mit dem Flugzeug?», fragt sie sich, «wenn die Zeit stillstünde?» Unter ihnen gleitet das Mittelmeer hindurch. Vermutlich. Sie sieht es nicht. Diffuses Licht und segelnde Wolken nehmen die Sicht. Auf einmal stört unfreundliches Flackern und Rumpeln den Frieden. Auch das noch. Ein Triebwerk brennt. Ist nicht lustig. Dabei hatte alles so gut begonnen.

**

«Frau Kummer-Trüeb», rufe ich, «wir sind ausgebucht, Silvester ist ausverkauft!» Einhundert Plätze. Und das bereits anderthalb Monate vor dem Anlass. Die Erleichterung ist gross. «Das wird der beste Silvester ever», strahlt die Chefin, «und das Schöne daran, an der Musik liegt es nicht.» Ich schaue sie fragend an. «Gut, aber gänzlich unbekannt», erklärt sie, «das ist der Clou. Unbekannte Formationen lassen sich besser drücken. Auch wenn sie aus der Schweiz sind.» Ich nicke. «Hübsch anzusehen müssen sie sein.» Ich warte. «Ein Trio aus Baden, Olten und Zürich. Gitarrist mit Spitzbart, Pianist mit Spitzbauch und Sängerin mit spitzen Beziehungen.» Ich grinse. «Die müssen zu Dumpingpreisen. Zu viele Musiker verdienen zu wenig. Zu viele sind da. Und die grossen Namen sorgen dafür, dass ihnen niemand den Platz streitig macht. So funktioniert die Industrialisierung der Kultur.» Ich beginne zwischen den Papieren zu wühlen. Gebe vor, mich in die Dienstpläne zu vertiefen. Dieses Lied kenne ich. Den Abgesang auf den sogenannt freien Markt in der Kulturbranche. Analog zur Gastronomie. «Die Beziehungen machen den Erfolg», sagt sie, während ihre Stimme sich entfernt. Sie weiss, dass ich ihr was vorflunkere. Dem Frieden zuliebe zieht sie sich plaudernd zurück. Persönlich glaube ich an Glück und Zufälle, Fleiss und Hartnäckigkeit. Noch. Interessiert sie nicht. Hatte einmal den Mut, eine Diskussion anzuzetteln. Hätte ich lassen sollen, Widerspruch duldet sie nicht. War beinahe den Job los. Zuweilen muss ich ihr recht geben, manchmal ist unser Land zu klein für Zufälle. In gewissen Belangen zumindest. Die Rechnung geht auf. Auch heuer wieder. Tiefe Gagen und Personalkosten dank bestens angepasster Niedriglohnausländer sowie eines Publikums, das, sobald es einen Event riecht, gerne tief ins Portemonnaie greift. Beste Voraussetzungen für einen gelungenen Jahresabschluss.

**

Nach geglückter Notlandung und Evakuierung via Luftrutsche ist ihr zum Feiern zumute. Obwohl – dass das alles kein gutes Ende hätte nehmen können, daran dachte sie keinen Augenblick. Zu sehr liess sie sich vom Bild des brennenden Triebwerks gefangen nehmen. Die stiebenden Funken, der Rauch, die Kraft des Windes und das Leuchten in der Dämmerung. Das wusste und musste sie. Sich ablenken. Sie wollte nicht in den Chor der Panik mit einstimmen. Schreie, Schluchzen, Gebete und Gejammer. Das lag ihr nicht. Den abgebrühten Umgang mit brenzligen Situationen hatte sie sich im Gastgewerbe angeeignet. Verzweifeltes Servicepersonal, das sich von undankbaren und manchmal fremdenfeindlichen Gästen einschüchtern lässt. Vor Wut kochende Damen, die glauben, nicht das erhalten zu haben, was sie bestellt haben. Überernährte Herren, die davon ausgehen, im Ausgang lasse sich mit einem dicken Geldsack alles kaufen. Was ist im Vergleich dazu ein brennendes Triebwerk? Nur findet sich jetzt, auf festem, sicherem Boden, kein Mensch, der mit ihr aufs Überleben anstossen würde. Irgendwie seltsam. Quer durchs Jahr, tagaus, tagein, wünscht man prostend sich Gesundheit, reichlich Erfolg und langes Leben. Dann aber, wenn man sich quasi prustend am Leben weiss, will niemand mehr einen Toast aussprechen. «Schade», murmelt sie und nippt am Büchsensekt, den sie im Duty free am Flughafen von Tanger erstanden hat. Auf eine Einladung durch die Fluggesellschaft hoffte sie nicht. Sind zu sehr mit sich beschäftigt. Wie die Mehrzahl der Gestrandeten. Interessiert sie auch nicht. Wann wird sie tiefer in den Süden fliegen? So lautet ihre dringlichste Frage. Abwarten und Sekt trinken, das Motto. Derweil sie das Strandgut beobachtet. Familien, die dem Winter entfliehen, junge Paare, die ihren ersten dreizehnten Monatslohn geniessen wollen, Senioren, deren Rente ihnen einen schönen Lebensabend beschert.

Gruppen, für die Treppensteigen zu den grösseren und deshalb zu vermeidenden Herausforderungen des Lebens zählt. Sie beobachtet die Szenerie der Verzweiflung, das Hadern mit dem Schicksal, da ein Zufall ihren nicht vorhandenen Lebensplan über den Haufen fuhr. Überfordert durch emotionale Anstrengung. Für sie schlicht zu viel Lärm um und von nichts.

**

Die Sektgläser für einhundert Personen stehen bereit. Personal und Musikband nicht mitgezählt. Die haben zu arbeiten, wenn es so weit ist. Worauf sollen die denn anstossen wollen? Geschäft ist angesagt. Leistung angebracht. «Das Gastgewerbe gehört zu den letzten Berufsgattungen, wo noch angepackt werden muss», sagt Chefin Kummer-Trüeb jeweils. «Ihr wisst, was zu tun ist.» Sprich, was erwartet wird. Vermutlich drum finden sich kaum mehr Schweizer in der Gastronomie. Auch der beschissenen Arbeitszeiten wegen. Wie das in Zukunft gehen soll, wenn die Schweiz wieder Kontingente für ausländische Arbeitskräfte einführen will, ist den betroffenen Branchen ein Rätsel. Jetzt sind sie noch hier und stehen da wie aus dem Ei gepellt. Gläser und Besteck sind poliert. Einzig dem Musiktrio fehlt es ein bisschen an Körperspannung. Die ersten Gäste treffen ein. Wie üblich, zwei, drei Paare deutlich zu früh. Sie glauben, frühes Erscheinen verhelfe ihnen zu besseren Plätzen. Höchst selten sind sie mit dem ihnen zugeordneten Tisch zufrieden. Auch wenn es der beste sein sollte. Es geht um das Prinzip, sich in kleinen Dingen wehren zu können. Die Wirkung muss unmittelbar sein. Und Nutzen persönlich. Mit gespielt unterdrückter Entrüstung bitten sie jeweils um eine Versetzung. So nenne ich es: «Wünschen Sie eine Versetzung oder eine Beförderung?» Das irritiert sie. Ist mir Genugtuung genug. Für den Moment. Freundlich lasse ich sie einen neuen Tisch auswählen, was sie nicht selten masslos überfordert. Reklamieren, sagen, was falsch ist, will ihnen prächtig gelingen, sich aber entscheiden zu müssen, fällt ungemein schwer. Verstehe ich nicht. Mensch ist ein seltsames Ding. Die meisten Gäste kommen knapp oder zu spät. Manche gar nicht. Ist immer so, seit ein paar Jahren. Vermutlich einfach so. Man weiss es nicht. Niemand meldet sich. Wird aber einkalkuliert. Verkaufen seit Jahren stets mehr Plätze als vorhanden. In neun von zehn Fällen geht diese Taktik auf. So wird es auch heute sein. Die Chefin gibt der Band das Startzeichen fürs erste Set. Ich geniesse die Ruhe vor dem Sturm und höre hin. Die spielen wirklich gut. Und diese Stimme!

**

«Endlich. Herrje, wurde auch Zeit.» Das Flugzeug schiebt sich auf die Startbahn. Ein paar Stunden und Sandwichs später. «War das ein Gezeter zuvor, als die Gestrandeten realisierten, dass gestaffelt weitergeflogen wird. Ja, was glauben die denn?! Können ja nicht einfach einen Ersatzflieger hinstellen. Also wird verteilt. Logisch», denkt sie. Ihr war das Glück hold, sie zählt zur ersten Staffel. Und da eine Vierergruppe sich weigerte, getrennt zu reisen, kann sie sogar eine ganze Sitzreihe für sich alleine beanspruchen. «Wie kann man nur so stur sein? Zwei und zwei wäre auch nicht alleine. Werden vermutlich am Flughafen übernachten müssen.» Sie kann ihre Schadenfreude nur mehr schlecht als recht verbergen. Ihr kann es egal sein. Hinlegen und Rausch ausschlafen. Will sie, kann sie. Tut sie. Jetzt.

**

Wo sind bloss die Gäste geblieben? Der Gruss aus der Küche ist bereits wieder abgetragen. Rund zwei Drittel der Gäste fehlen. Das ist deutlich über der kalkulierten

Möglichkeit. Ein kümmerlicher Haufen, die anwesenden 30. Verteilt quer durch den Saal, in Zweier- und Vierergruppen. Hätten sie sich was zu sagen, könnten sie es nicht. Zu fern ihre Tische, die sie sich ausgesucht hatten. Die Musik spielt vor allem für ein älteres Paar direkt vor der Bühne. Werden vielleicht sogar noch das Tanzbein schwingen. Der Rest ist zu distanziert. Irgendwie. Die Stimmung erstarrt auf dem Tiefpunkt, bevor sie überhaupt entstehen konnte. Mit dem Service noch länger zuwarten kam nicht infrage. Sonst hätten die Anwesenden vermutlich die Dekoration verzehrt. Auch lässt der Zeitplan keine Verzögerung zu. Bei knapp bemessenem Personal für das hundertköpfige Gästebouquet lässt die kleinste Trödelei mindestens die Nachspeise ins neue Jahr rutschen. Wird nicht goutiert. Der letzte Gang muss vor dem Jahreswechsel abgetragen sein. Und die Tische sauber. So will es das ungeschriebene Protokoll.
Nun quälen sich die Anwesenden mit dem Gedanken, dass sie etwas verpassen könnten. Schlimmer noch, es frisst sich ihnen die Frage durch den Magen, was ihnen entgehen könnte. Die Party findet statt. Bestimmt. Jetzt. Nur wo? Warum und ob überhaupt, ist nicht relevant, sondern nur das Wo und vor allem das Was. Zu allem Übel kreiert die Köchin auf Geheiss der Chefin aus den verbleibenden zwei Dritteln Grüssen aus der Küche eine neue Vorspeise. Um Lebensmittel zu schonen. Der Gedanke ist gut, doch nicht bei dieser Klientel. Ich sage euch, das kommt nicht gut. Wenigstens muss sich die Chefin keinen Kummer bezüglich des Zeitplans machen. Das Häufchen ist schnell abgefertigt. Die Verspätung lässt sich aufholen, obwohl bereits ein Teil des Personals gehen durfte. «Kein Bedarf», meinte die Chefin. Den Angestellten mitzuteilen, dass sie, wenn sie bleiben würden, auch für den bereits geleisteten Einsatz nichts kriegen würden, oblag mir. Derweil sie sich betrinkt.

**

Sie träumt vom vergangenen Silvester. Wie sie von der Band auf die Bühne geholt wird, um den Countdown … *Wie übersetzt man eigentlich Countdown? Runterzählung? Rückzählung? Der Saal ist voll und sie beginnt zu zählen. Zehn, neun, hören die überhaupt zu? Acht, sieben, macht doch die Musik aus! Sechs, fünf, wo sind die Sektgläser? Ruhe! Drei, vier … Pardon, umgekehrt. Der ganze Saal zwitschert vor Fröhlichkeit und niemand will realisieren, dass es zu Ende geht. Zwei, eins. Der Boden bebt und Wände bröckeln …* «Bitte schnallen Sie sich an», sagt ihr ein freundliches Gesicht. Der Blick aus dem viel zu kleinen Fenster beschert ihr eine tief verschneite Berglandschaft. Eines dieser Bilder, woran man sich nicht sattsehen kann. Ruhe. Erhabenheit. Weite und mächtige Natur.

**

Es ist ein Desaster. Noch vor dem Hauptgang verliessen zwei junge Paare das Diner. Hocken jetzt vermutlich daheim vor der Kiste. Und füllen sich die Lampen. Da sie die Party nicht fanden. Überraschenderweise lag es nicht an der neuen Vorspeise. Die kam wider Erwarten äusserst gut an. Top, die neue Köchin. Den Jungen missfiel die Musik. Das sei kein Jazz, monierten sie und verzogen dabei die Botoxlippen, die Damen. Womöglich war es Eifersucht. Einerseits auf die hübsche Sängerin. Anderseits auf die Band, die sich trotz allem die gute Laune nicht verderben liess. Schliesslich auf das pensionierte Paar, das sich zu dem einen und anderen Tanz hinreissen liess. Schön, wie die beiden Menschen sich bewegen können. Elegant, geschmeidig. Und sportlicher als manch ein jüngerer Jahrgang. Die vier Jungen zogen laut schmollend von dannen. Natürlich nicht ohne sich zuvor um die Rückerstattung ihres Geldes zu bemühen. Hätten sie sein lassen sollen. Mit zuvorkommender Freundlichkeit verwies ich sie an die Chefin. Sie wusch ihnen gewaltig den Kopf. Dass sie bereits mehr intus hatte, als sich mit gutem Ton verträgt, war der Diplomatie nicht förderlich, kürzte aber das Prozedere deutlich ab. Der Tumult motivierte weitere Gäste, sich davonzuschleichen. «Gut gekleidet, schlecht gesittet», sagte der Gitarrist, als sie mit erhobenen Häuptern davonrauschten. Ihren Abgang bedauerte niemand. «Gut betucht, kaum durchdacht», grinste die Sängerin. An diesen Punkt kämen sie immer an noblen Anlässen. Mangels Herausforderung. Ein amüsantes Spiel unter Künstlern zwecks Zeitvertreib. Erklärten sie mir. Sie versuchten, jeweils eine passende Beschreibung für das Gästebouquet zu finden. «Ich tippe auf die Gattung Mensch», sagt der Pianist nun, «die sich gerne mehr gönnen würde, als sie kann, und weniger geben möchte, als sie könnte. Oder sollte.» «Das klingt mir zu intellektuell», witzelt der Spitzbart, «ich sage: Eltern iPhone, Grosseltern iPad, Kinder wieder naturbelassen. Aus Trotz. Die notwendige Gegenreaktion. That's it.» «Der Hauptgang ist abgetragen», beende ich die hochtrabende Diskussion, «bitte spielt weiter.» Und bevor sie erstaunlich motiviert in den Saal streben, frage ich noch: «Wisst ihr zufällig, wo die Chefin ist?»

**

«Wo hat es in Afrika Berge, die aussehen wie die Alpen?» Der Gedanke verwirrt sie. Sie hatte sich Afrika aus der Vogelperspektive anders vorgestellt. Trockener. Karger. Dunkler. Sie blickt sich um und versucht zu erkennen, wie ihre Mitpassagiere denken. Aus den Gesichtern jedoch lässt sich nichts Derartiges lesen. Nur Müdigkeit. Und Ungeduld. «Liegt vielleicht an den Kopfschmerzen. Zu viel Sekt, zu wenig frische Luft in den letzten Stunden. Wie lange bin ich schon unterwegs?» Nicht nur das Zeitgefühl scheint ihr abhanden gekommen zu sein. «Etwas stimmt hier nicht.» Es schnürt ihr die Brust zu. Sie holt Luft und blickt zwischen den Sitzen hindurch nach vorne. Das gibt ihr im engen Flugzeug ein Gefühl von Weite. Ein bisschen Erleichterung. Viele zur Seite geneigte Köpfe und etliche Kopfhörer. Die Lüftung rauscht. Da und dort bricht ein Blättern den Rhythmus des Nichtstuns. Hätte sie sich nicht betrunken, hätte sie nie den Mut gefunden, abzuhauen. «Ob sie nach mir suchen? Ist das Hoffnung oder das schlechte Gewissen?»

**

Bis zum Jahresende schafften es lediglich acht Gäste. Plus das Jazztrio, eine Handvoll Angestellte und keine Chefin. Sie ist unauffindbar. Verstehe ich nicht. Hat sich einfach aus dem Staub gemacht. Mit den Gagen der Sängerin und Musiker. Sowie den spärlichen Abendeinnahmen. Das ist das Ende. Zufall? Pech? Wandel der Mentalität? Die Schnoddrigkeit des Wohlstandes? Oder schlicht nur eine dumme Verkettung von noch dümmeren Zusammenhängen? Glücklicherweise sind die verbleibenden acht echt gut drauf. Und mit der Band konnte ich aushandeln, dass sie grosszügig mit Naturalien entlöhnt werden. Und wie! Zusammen werden wir die Küche plündern, das Trio, wir Angestellten und wenn die Gäste auch wollen, dann bitte. So eine Schese!

**

Viel Geld ist es nicht. Für einen kompletten Neuanfang wird es nicht reichen. Aber immerhin für ein kleines Timeout. Ein Sabbatical miniature. «Mein kleiner Fallschirm», schmunzelt sie, «warum soll ich mir nicht nehmen können, was sich andere hemmungslos gönnen? In meinem Fall wird es verurteilt werden, auf jeden Fall, aber wenn sich die Oberen trotz Krisen und Verlusten nach wie vor schamlos bedienen, wird das weit und breit herum geduldet. Was macht bloss dieser Düsenjäger hier?» Zwei französische

Militärflieger nähern sich der Passagiermaschine bis auf knappe hundert Meter. Positionieren sich rechts und links des Airbus. Das Flugzeug schaukelt durch die Wolken. Und sinkt.

**

Der Rauch der Tischbomben, auch der nicht erschienenen Gäste, verzieht sich. Deren sinnloser Inhalt liegt verstreut zwischen unseren Füssen, zwischen den Essensresten vom Restenessen. Das Trio spielt noch einmal auf zum Tanz. Das tun jetzt nicht nur die Senioren. Wurde auch Zeit. Die Feier wird endlich zum Fest. Die Schranken zwischen Angestellten und Gästen sind endgültig gefallen.

**

Ein kleiner Ruck. Der Lärm nimmt zu. Die Räder werden ausgefahren. Es folgen die immer gleichen Durchsagen. Die bangen Blicke aus den Fenstern, die konzentrierten auf die Zeilen. Die Hände im Schoss oder verkrampft auf der Armlehne. Die Maschine setzt zur Landung an. Ein Hüpfer nur. Eigentlich sollte jetzt Applaus aufbranden. Die Stimme sagt, man solle die Gurte geschlossen lassen, bis das Signal aufleuchtet, dankt für den Entscheid, mit dieser Fluggesellschaft geflogen zu sein, und hofft auf wieder. «Das war nicht freiwillig», ruft Frau Kummer-Trüeb, jedoch nur in Gedanken. Sie will nicht auffallen. «Nicht jetzt!» Draussen steht die Polizei. «Das ist Genf. Um Himmels willen, warum?!»

**

Ich staune und freue mich über die Ausdauer der Senioren und frage nach ihrem Rezept. «Bewegung, mein Junge, in Bewegung bleiben», sagt sie und zeigt auf Kopf und Beine. Alle lachen. Und manche nicken. Beim gemeinsamen Frühstück, welches die Köchin aus den Resten der Resten herbeizauberte, hören wir am Radio vom Flugzeug, das vom äthiopischen Kopiloten in die Schweiz entführt wurde. Er kletterte aus dem Cockpit und bat um Asyl. Die Maschine wurde von französischen Militärfliegern zum Genfer Flughafen begleitet, da die Schweizer Luftwaffe nur zu Bürozeiten fliegt. Absurd. Alle lachen. Ich überlege mir, wo die Chefin nun sein könnte, jedoch ganz kurz nur, denn die Lippen der Sängerin auf meinen Lippen bringen mich auf ganz andere Gedanken. Das neue Jahr kann kommen.

**

Silvesterfeier 2014, Kurhaus Bergün

9/11

Weisheitszähne gezogen. Beide.

Zofingen, 2011

Fantasie

Mogelpackung

Kürzlich habe ich mir eine neue Regenjacke gekauft. Das ist an und für sich keine Zeile wert, aber was ich später – nicht ganz zufällig an einem Regentag – entdeckte, hingegen wohl. Ein Feuerzeug. Ja, auch das rechtfertigt weder Tinte noch Papier, aber der kleine Flammenwerfer befindet sich nicht in einer Tasche, sondern im Futter. Und da keine Naht offen ist, lässt es sich wunderbar drüber rätseln, wie es da hineinkam. Und warum? Entwickelt wurde das Kleidungsstück in Deutschland, produziert – ich gestehe – in China. Wie viel Absicht steckt hinter der versteckten potenziellen Kleinstwaffe? War es ein Versehen? Wurde während der Produktion geraucht? Wer vermisst nun sein Feuerzeug? Ob es funktioniert, weiss ich nicht, ich hatte noch nicht den Mut, es zu testen. So im Futter der Jacke. Genau, es steckt noch drin. Da die Freude am Gedankenspiel zu gross. Ist es einfarbig? Oder mit Bild? Eine versteckte Botschaft? Eine klassische Mogelpackung? Ähnlich wie ein Steuerpaket. Oder sogenannt freier Handel. Wusste die betreffende Person, dass das gute Stück nach Europa verschifft wird? Ist es ein kleines, perfides Stück Rache einer einfachen Arbeiterin wegen des Handelsstreits mit den USA? Man stelle sich vor, was geschehen wäre, wenn ich damit hätte fliegen wollen. Also in ein Flugzeug hätte steigen sollen. Ziel USA! Bei der Kontrolle wäre ganz schön Feuer im Dach. Der Firma werde ich schreiben. Zweifellos werden sie eine Antwort haben. Ich zweifle, ob sie die wahre Antwort suchen werden. Möglich wäre es, womöglich dank Gesichtserkennung. Ja, ihre Gesichter sähe ich gerne. Bin neugierig. Haben sie Humor? Selbstironie? Kommt Zeit, kommt Tat.

Olten, 2019

Buchstabensalat

Sie kennen das bestimmt auch. Dass Bachstuben nicht immer dort sind, wo sie sein … falsch, will sagen, dass Buchstaben nicht immer da sind, wo sie sein sollten. Oder nicht das sind, was sie zu schein seinen. Pozilei, Schühlkrank, Paschgetti sind gängige Ballspiele … Beispiele. Fantasie verlangte vor Jahrzehnten auch mein kluner Breider. Er sagte, vorzugsweise zu Onkeln und Tunten … nein, Tanten, die ihn zu sehr knuddelten: «Du ginkst.» Wollte heissen: «Du stinkst.» In der Regel verstanden sie ihn nicht, und sie knuddelten ihn noch mehr, weil sie so knuddlig fanden, was er da zu sagen versuchte. Und der Bruder schrie: «Gink! Gink! Du ginkst!» Ob das jetzt wirklich so war, weiss ich nicht. Ich hab mir das aus Erzählungen und Erinnerungen zusammengeschustert.

Sie haben bestimmt auch Bilder im Kropf. Erinnerungen an die Kindheidi. Eingebrannt im Hirnteig. Irgendwo zwischen Pythagoras und Synkopen. Synapsen. Bei mir ist das zum Beispiel ein Sonntag im Primatenschulalter. Mein Pater sagte damals zu mir: «Heute gucken wir im Fernsehen den Walen zu.» So glaube ich mich zu erinnern. Sie müssen wissen, ich liebe Tierdokumentationen. Ganz speziell von Walen. Walen gehören bei mir zu den ersten Fernweh-Erinnerungen. Neben «Ein Colt für alle Fälle» und «Muppet-Show». Meine Freude also, sehfernen zu dürfen: Gross. Die Enttäuschung danach: Riesig! Denn, das können Sie nicht wissen, bei meinen Walen fehlte ein h. Logisch, mein Vater war Polikitier. Pardon, ein Polittier. Vielleicht finde ich Wehlan … Wahlen heute deshalb miezlich langweilig. Nicht nur, weil oft eher aufgrund von Beziehungen gewählt wird denn des Inhalts wegen. Glaube ich. Wahlen aufgemacht wie eine Stierdokumentation fendant ich entiressanter. Und ihrlech. Antiressent und lechihr. Lecktmir … Ach, vergessen Sie's.

Olten, 2015

Die letzte Reise

Der Tod ist ein fieser Hund! Und das Leben ist auch nicht wirklich gerecht. Unversehens stehlen beide Spieler uns unsere Liebsten, die Nächsten. Ein Freund ist weg. Das Leben hat ihn uns genommen, der Tod nahm ihn an der Hand. Langsam. Und doch viel zu schnell. Unausweichlich absehbar und ausgelöscht. Fragen wie «wo ist er jetzt?» oder «wie geht es ihm?» lindern die Ohnmacht nicht. Gevatter Tod und Freund Hein sind trügerische Übernamen, mildern den Schmerz nicht. Die Traurigkeit kommt in ungeahnten Schüben, Trauer kriecht durch Glieder und Fasern, setzt sich fest, tief drin. Ein Schrei will raus, weicht den Tränen. Letzte Bilder wiegen schwer, Erinnerungen tun nur weh, die letzte Postkarte wirkt symbolhaft, die Hoffnung hält sich vornehm zurück. Der Gedanke, ein paar Zeilen zu verfassen, schütteln den Körper durch. Ein herzallerliebster Freund ist tot. Sein Ableben ist so unmittelbar und surreal zugleich. Auf der Strasse ertappe ich mich, wie ich erwarte, dass er gleich um die nächste Ecke kommt. Sitze ich im Büro, hoffe ich, dass er klingeln wird und wir uns freudig in die Arme nehmen. Ich freue mich, dass er sich bald melden wird. Würde ihm gerne einen Brief schreiben. Zurückblicken und Pläne schmieden. Danke sagen. Für gemeinsames Glück, für Freundschaft und abenteuerliche Projekte. Danken für die Begegnungen in einer Zeit, in der es für ihn wirklich hart wurde. Danken für Wertschätzung und Ehrlichkeit. Ein Merci für die einzige Postkarte. Habe ich das jemals genug getan?
Das Leben geht weiter – ein saublöder Satz – dennoch ist er wahr. Die Freude wird wieder überhandnehmen. Die Zeit lässt ihre Heilkraft wirken. Nur den Alltag, den will ich nicht, er ist trügerisch und gemein. Lieber Freund, ich vermisse dich. Gute Reise.

Olten, 2017

Glossar

Strohmann-Kauz
Theaterduo, das sich der Satire und dem Schauspiel verschrieben hat, drum nennen sie das, was sie tun, Theaterkabarett. Gegründet 2006 zusammen mit Matthias Kunz. Kennengelernt haben sich die beiden 1999 an der Theaterschule comart in Zürich, danach folgten fünf lehrreiche Kennenlernjahre als Theaterpädagogen am Gymnasium Langenthal, worauf sie sich entschieden, gemeinsam von der Bühne leben zu wollen. 2019 wurde Strohmann-Kauz mit einem Stipendium des SSA für das Programm «Sitzläder – der letzte Stammtisch» sowie mit dem Kulturpreis der Stadt Langenthal ausgezeichnet.

jour fixe
Erzähltheater nach Kurzgeschichten von Alex Capus, Regie Agnes Caduff, auf der Bühne mit Sandra Brändli & Susanne Odermatt, ebenfalls kennengelernt an oben genannter Theaterschule. Zu dritt unterwegs von 2003 bis 2018. Eine wunderbare Zeit.

Ruedi & Heinz
Siehe Strohmann-Kauz

SSA
Societé suisse des auteurs

Nachtfieber
Satire- und Musikshow in Olten, 2007–2017; schweizweit das grösste Projekt dieser Art. Ein über 30-köpfiges Team – inklusive sieben Bandmitglieder, mindestens drei Technikerinnen und Techniker, mindestens drei Schauspielerinnen und Schauspieler – kreierte rund 40 Ausgaben rund um die Gäste und ein jeweils sehr zahlreich erschienenes, neugieriges Publikum.

Ges(t)ammelte Werke
Erschienen im Knapp Verlag 2010; als Programm auf Tournee mit Roman Wyss (2008–2017).

Wolken melken
Erschienen im Knapp Verlag 2014.

Dank

Mitverantwortlich für dieses Buch sind
Daniela, Matthias, Remo, Jane, Marc, Christof, Maya, Franziska, Riet, Beat, Sarah, Petra, Monika, Thomas, Fabienne, Margit, Simone, Yves, Chiara, Luca, Sharon, Christin, Katja, Vladimir, Bob, Bryce, Phil, Jonathan, Olivier, Patricia, Sylvia, Markus, Juna, eine zweite Simone, Marco, noch einmal eine Simone, Yasmine, Doug, Margret, Carmen, Fred, Donna, Claudette, Alberto, Martina, Roman, Werner, die Fahrgäste im Nachtzug und die aus den anderen Zügen, etliche, mehrheitlich ehrenamtliche Veranstalterinnen und Veranstalter in Deutschland und sehr, sehr viele in der Schweiz, das Publikum, die Menschen vom Parc Ela, vom Anzeiger Thal Gäu Olten, vom Stadtanzeiger Olten und Oltner Tagblatt, vom KOLT, vom kantonalen Amt für Umwelt, die Menschen der Stadt Olten und viele, viele mehr.

Danke tuusig euch allen!

Im Juni, liebe Juna

Es ist Juni, Juna, Juni 2019. Vor bald einem Jahr lernte ich dich kennen. Damals hattet ihr im Juni eigentlich schon genug Sommer. Zu heiss, zu trocken. Und im Juli gab es noch einen drauf. Verrückt, das Wetter schafft es einfach nicht mehr, normal zu sein.

Juna, damals im Juli, da warst du irgendwo zwischen einem und zwei Jahren jung. So genau weiss ich das nicht mehr. Du wirst dich nicht an mich erinnern, zu jung im Leben. Aber ich durfte dich einen Monat lang erleben. Durfte beobachten, wie du Fortschritte machst, erste Schritte gehst, laut Mama rufst und Papa stets nur flüsterst.

Juna, dir ist dieses Buch hier gewidmet. Und ich schreibe dir, weil ich dir von Herzen danken möchte, stellvertretend für alle andern Menschen, dank denen diese Texte entstehen konnten. Und dieses Buch widme ich dir stellvertretend für alle Kinder deiner Generation, weil ich euch danken muss. Danken, dass ihr es besser macht, besser als wir und unsere Eltern. Und entschuldige vielmals, dass es keine Bitte ist. Ihr habt keine Wahl. Noch ist heute.

Rhaban Straumann, *1972*

Frei- und vollberuflicher Schauspieler und Satiriker. Details lassen sich in den Texten und zwischen den Zeilen erhaschen. Für Lesungen zieht er es vor, im Duo Mumford & Straumann unterwegs zu sein.

www.strohmann-kauz.ch
www.kulturbau.ch

Jane Mumford, *1988*

Ist Trickfilmemacherin, Musikerin und Satirikerin aus Zürich. In ihrer Arbeit kombiniert sie ihren Vorlieben entsprechend gerne das Rhythmische, Sarkastische und Absurde.

Der Knapp Verlag wird vom Bundesamt für Kultur mit einem Strukturbeitrag für die Jahre 2019 und 2020 unterstützt.
Verein Freunde des gepflegten Buches.

kultur
Lotteriefonds Kanton Solothurn

LAYOUT | KONZEPT *Monika Stampfli-Bucher, Solothurn*
KORREKTORAT *Petra Meyer, Beromünster*
PORTRÄTBILD *Remo Buess*
DRUCK *BoD – Books on Demand GmbH, Norderstedt*

1. Auflage, April 2020
ISBN 978-3-906311-69-2

www.knapp-verlag.ch